L'ESPAGNE.

TYPOGRAPHIE DE FIRMIN DIDOT FRÈRES,
RUE JACOB, N° 24.

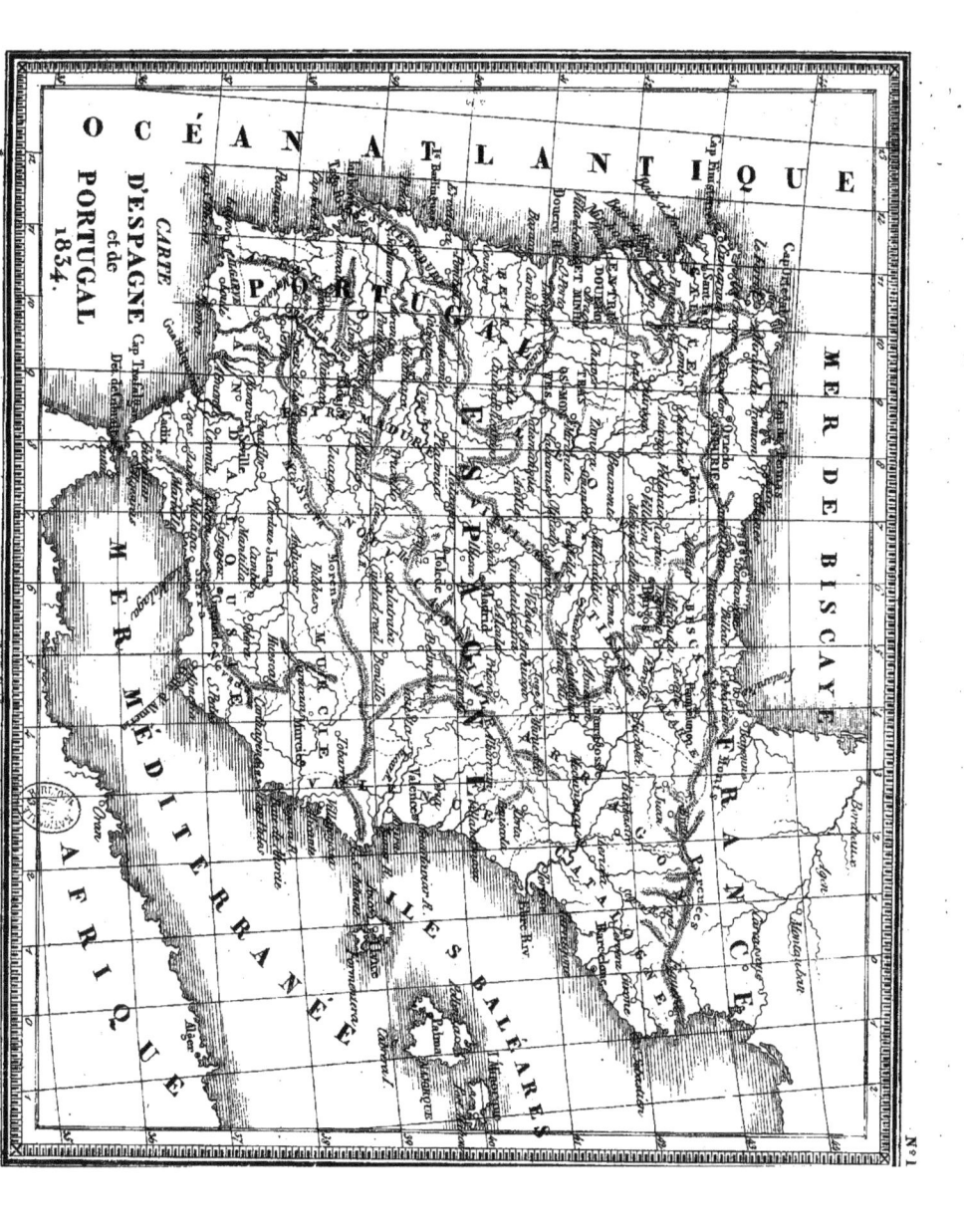

L'ESPAGNE.

TABLEAU POLITIQUE, CIVIL, RELIGIEUX, ADMINISTRATIF, INDUSTRIEL, COMMERCIAL, GÉOGRAPHIQUE, HISTORIQUE, ETC.,

DE LA PÉNINSULE;

SUIVI

D'UNE DESCRIPTION DÉTAILLÉE DES PROVINCES VASCONGADES
ET DE LA NAVARRE
(THÉÂTRE ACTUEL DE LA GUERRE).

AVEC CARTES.

Par le B^{on} DE LA MOTTE,

OFFICIER EN RETRAITE.

PARIS,
CHEZ DELLOYE, ÉDITEUR,
PLACE DE LA BOURSE, N° 13;
— AUDIN, LIBRAIRE, QUAI DES AUGUSTINS, N° 25.

1835.

NOTICE

PRÉLIMINAIRE.

Les événements majeurs qui ont eu lieu, depuis quelques années, dans la Péninsule, et ceux non moins graves dont elle est encore aujourd'hui le théâtre, appellent vivement l'attention générale sur cette partie de l'Europe. Là, sont aux prises les idées du passé et les idées de l'avenir; l'esprit de conservation, avec toute la force des traditions, toute la résistance des habitudes consacrées par le temps, par la religion, par les mœurs, et le progrès, avec tout le prestige de l'espérance, toute la puissance du mouvement. Secousse politique, crise sociale, guerre civile longue et acharnée, tout se réunit pour donner plus d'importance au grand drame qui se déroule au-delà des Pyrénées. La vieille Espagne est agitée, est ébranlée dans tous les sens... Entre-t-elle enfin dans une ère nouvelle? va-t-elle, fière de sa gloire acquise, riche de tous les dons de la nature, soutenue par le caractère énergique de ses habitants, va-t-elle réclamer et reprendre, parmi les nations, la place qui lui est assignée dans l'histoire?

Cette question est chaque jour reproduite; chaque jour on cherche à pressentir les destinées futures de cette contrée si célèbre autrefois, aujourd'hui si peu connue, et cependant si digne de l'être. Les relations commerciales, le goût toujours croissant des voyages, le désir de voir et d'apprendre, les mille besoins et les mille perfectionnements du siècle, rapprochent et mêlent les populations, mobilisent la pensée, généralisent la civilisation, détruisent les barrières que la nature ou les hommes avaient posées entre les peuples;... l'Espagne seule, cernée par les abîmes de deux vastes mers, retranchée derrière une des plus hautes chaînes de montagnes de l'Europe, reste, pour ainsi dire, isolée, immobile, impénétrable...

Que lui manque-t-il, cependant, pour attirer sur elle tous les genres d'intérêt? Aux savants, n'offre-t-elle pas des traditions, des souvenirs qui se rattachent aux noms les plus illustres des temps anciens ou modernes? aux naturalistes, d'utiles et précieuses recherches à faire? aux spéculateurs, d'immenses richesses à extraire du sein de la terre? le sol qui recouvre ces trésors n'est-il pas luimême d'une fertilité que l'agriculteur n'obtient pas toujours à l'aide des travaux les plus pénibles? les ports disséminés sur une si grande étendue de côtes, ne peuvent-ils pas encore être, pour les habitants des deux hémisphères, d'opulents entrepôts destinés, sinon, comme autrefois, à l'importation des lingots du nouveau monde, du moins à une réciprocité d'échange qui est l'ame et la vie du commerce? pour l'économiste, pour le philosophe, l'Espagne n'a-t-elle pas ses coutumes, ses mœurs, toutes antiques, toutes traditionnelles, encore empreintes, ici, de ce caractère indépendant qui vient des peuples du Nord, et dont la civilisation n'a point encore émoussé toutes les aspérités ; là, de ces habitudes de galanterie et de volupté, qui sont évidemment un legs des Orientaux? enfin, pour l'artiste, n'a-t-elle pas son beau ciel, ses beaux sites, ses costumes pittoresques, ses églises que la ferveur du moyen âge a parées de toute la grace de l'architecture gothique et tout le luxe de l'époque, ses édifices moresques, riches et vastes mosquées où la croix remplace aujourd'hui l'étendard du prophète, ses restes d'aqueducs, de voies publiques, d'arènes, témoins irrécusables du long séjour, sur cette terre, du peuple maître du monde?...

Et ce n'est là qu'une bien faible partie des titres que l'Espagne aurait à faire valoir : pour les énumérer tous, pour les présenter avec les détails nécessaires, il faudrait un tout autre développement que le cadre resserré de cette brochure; elle n'a d'autre but que d'offrir un tableau sommaire de la Péninsule, un résumé aussi exact que possible de son histoire, de sa statistique, de son administration, de son état social, etc., avec une description particulière et plus détaillée des trois provinces vascongades et de la Navarre. Cette description du théâtre de la guerre était la première et seule publication projetée; la perspective d'une plus grande utilité a fait adopter un plan bien plus vaste, trop étendu peut-être, et sans doute au-dessus des forces d'un soldat dont le nom est inconnu et la plume peu exercée. En abordant de si hautes questions, en traitant des sujets si variés, en se plaçant sur un terrain aussi riche et si peu exploré, il était difficile de ne pas se laisser entraîner; et cependant, pour conserver une sorte d'actualité, la marche des événements avertissait sans cesse de ne pas aller trop loin. Cette préoccupation et la nécessité d'accélérer le travail, serviront d'excuse à tout ce qui peut rester d'incorrect ou d'incomplet dans cette esquisse rapide; elle est le produit des souvenirs de l'auteur, le résumé de notes obligeamment fournies, et l'analyse des ouvrages les plus estimés qui aient été écrits sur l'Espagne.

Ces ouvrages sont indiqués à la fin du dernier chapitre : plusieurs d'entre eux, d'un mérite bien reconnu, se recommandent et par les noms de leurs auteurs et par les détails pleins d'intérêt qu'ils contiennent; mais presque tous ne parlent de l'Espagne qu'antérieurement aux grands événements qui viennent d'en changer l'aspect politique et les formes sociales : c'est dans l'intention d'y suppléer que cette brochure est offerte au public; il y trouvera, sur l'état de la Péninsule en 1835, quelques aperçus inédits.

Il eût été facile de leur donner l'apparence imposante d'un livre plus volumineux, même sans employer toutes les ressources de la *justification* écourtée, des marges démesurées, des feuillets blancs ou à peine maculés au milieu par l'épigraphe monosyllabique. Tout ce luxe de la typographie moderne a été négligé; il ne s'agissait point ici de *tomer*, mais de tout réduire à sa plus simple et modeste expression.

On ne sera point étonné de voir les premières pages consacrées à l'histoire. L'étude du passé est indispensable à la connaissance du présent. Quelque abrégé que soit ce récit, il aidera à déterminer quelques points de repère dans les annales du peuple espagnol, il signalera dans ses fastes sept époques assez distinctes :

Celle des temps primitifs, où tout reste dans l'obscurité et l'incertitude jusqu'à l'apparition des *Phéniciens* et des *Grecs*.

Celle de la domination des *Carthaginois*, domination intéressée, cupide, sans profit pour le pays, et ne lui donnant rien en retour de l'or et des guerriers qu'elle lui enlevait.

Celle des *Romains*, auxquels les naturels opposèrent d'abord une vive et longue résistance, mais auxquels ils durent, après leur entière soumission, des lois sages et protectrices, de nombreux établissements d'utilité publique, le goût des arts et des sciences, enfin d'immenses progrès dans l'industrie et l'agriculture.

Celle des *Goths* qui, perdant peu à peu la rudesse des hordes du Nord, s'unirent étroitement aux indigènes, s'approprièrent le sol, firent dominer leurs mœurs et leurs usages, que l'on retrouve encore dans un si grand nombre d'institutions civiles et administratives.

Celle des *Arabes* qui, sous le ciel de l'*Ibérie*, parvinrent à tous les genres d'illustration et de prospérité, autant et plus peut-être que dans aucune autre contrée soumise à leur empire.

Celle où la monarchie espagnole, ramenée à une espèce d'unité sous *Ferdinand* et *Isabelle*, atteignit en peu d'années l'apogée de sa gloire et de sa puissance, pour tomber rapidement, sous les derniers rois de la maison d'Autriche, au dernier degré de l'abaissement.

Celle enfin, où, sous les princes de la maison de *Bourbon*, la Péninsule hispanique a éprouvé tant d'alternatives de prospérité et de décadence, a été entraînée dans des guerres mémorables, a reçu dans ses mœurs, dans ses lois, dans ses usages, des améliorations sensibles, mais, en définitive, n'a point suivi le reste de l'Europe dans le développement de la civilisation moderne.

Une huitième époque datera sans doute des dernières années, qui ont donné naissance aux événements présents; mais il faut, pour la juger, la consécration du temps et de l'histoire.

Le deuxième chapitre est rempli par quelques détails de statistique, dont l'insuffisance n'est que trop réelle, mais qui donneront une idée approximative de la situation de la Péninsule. Ce résumé a pour supplément le tableau sommaire en chiffres qui est à la fin du volume. Ce tableau est loin d'être complet, quel que soit le travail consciencieux dont il est le produit; la volonté la plus positive et la mieux dirigée ne parviendrait peut-être pas à en remplir toutes les lacunes : le plus grand désir de bien faire est encore subordonné à la possibilité de l'exécution.

Toutefois, ces aperçus suffiront pour prouver que l'Espagne est loin d'être restée étrangère à tout progrès : on reconnaîtra que la population a presque doublé depuis un siècle, avec une accélération rapide depuis une trentaine d'années ; que l'agriculture, encore trop peu honorée, a cependant reçu de grands perfectionnements, surtout depuis 15 à 20 ans; qu'à partir du commencement de ce siècle, les produits agricoles ont augmenté de près de moitié en sus; que le commerce est moins étendu qu'autrefois, mais qu'il repose sur des transactions plus profitables au pays; qu'il y a une diminution toujours croissante dans le nombre des individus voués à l'oisiveté et au célibat, ainsi que dans l'étendue des terres incultes, inaliénables ou sans rapport pour l'État; que la dette est énorme, mais qu'elle a, comme garantie, une masse encore presque intacte de propriétés foncières d'une valeur considérable, des richesses minérales immenses et un sol d'une fertilité prodigieuse; que la perte des colonies et les guerres avec l'étranger ont pu altérer, pendant quelque temps, les sources de la prospérité publique, mais qu'il en est résulté une salutaire impulsion, dont on ressent, depuis plusieurs années, les heureux effets; qu'enfin, sous les rapports physiques et matériels, l'Espagne a été trop richement dotée, pour ne pas voir un jour s'accomplir les destins prospères que lui a assignés la Providence.

Dans les deux chapitres suivants, où se trouve brièvement exposé l'état social, politique, civil, militaire et religieux de la Péninsule, on verra, par quelques indications succinctes, la part qu'elle a prise au mouvement intellectuel des esprits; ce qui lui est resté de la civilisation des temps anciens, et ce qu'elle a obtenu de la civilisation moderne; comment elle a formulé ses croyances, ses pensées d'art, de législation, de jurisprudence; ce que Dieu avait mis de noble et de généreux dans le caractère de son peuple, et ce que les hommes ont fait pour étouffer ces germes précieux; comment une vie nouvelle tend à ranimer toutes les facultés morales, à porter la lumière sur tous les points, à répandre l'instruction, le travail, l'activité, dans toutes les classes de la société.

Plusieurs observations sur les mœurs, les institutions, et les coutumes, n'ont point une application générale et actuelle, et se rapportent plutôt au passé de l'Espagne qu'à son état présent, qu'il serait sans doute bien difficile de préciser et de dégager entièrement du vague et de l'incohérence d'une époque toute transitoire.

Les chapitres V et VI traitent spécialement des provinces vascongades et de la Navarre, soit par une description particulière, soit dans une suite d'itinéraires qui embrassent ces quatre provinces. Ces descriptions et la carte topographique qui les accompagne, sont en grande partie le résultat de reconnaissances militaires faites sur les lieux en 1823, lors du séjour de l'armée française en Espagne. Cette partie de l'ouvrage recevra, des événements du jour, un nouveau degré d'intérêt, en permettant de suivre dans toutes ses alternatives une insurrection qui prend de plus en plus l'importance d'une guerre véritable, non pas de celles où les destinées d'un peuple entier sont fixées dans une seule bataille, mais d'une guerre de ruses, de surprises, de stratagèmes, où chaque jour amène un combat, chaque nuit favorise un mouvement pour tourner une position, traverser un torrent, passer un défilé, franchir une montagne. A l'aide des indications contenues dans ces deux chapitres, on pourra se rendre compte des opérations militaires déja faites, et de celles non moins intéressantes qui se préparent.

Il n'appartenait point à l'auteur de se prononcer sur les grandes questions qui agitent et divisent les esprits dans la Péninsule; récusant d'avance tout ce qui donnerait à son récit une couleur politique ou l'apparence d'une attaque contre les personnes, c'est aux faits seuls qu'il s'est attaché; il laisse au lecteur à en tirer les conséquences.

Quelques changements survenus depuis que l'ouvrage est sous presse, et quelques erreurs reconnues dans le texte imprimé, forment l'objet des notes et éclaircissements placés à la fin de la brochure.

l'*Èbre*, et sous celui d'*Hespérie*, contrée située au couchant[1].

Les *Phéniciens*, que l'histoire nous montre dans les temps les plus reculés, couvrant les mers de leurs vaisseaux, furent les premiers étrangers qui abordèrent sur les côtes de l'*Ibérie*. On y fait remonter leur première apparition à plus de dix siècles avant l'ère chrétienne. Cette terre devint pour eux une source inépuisable de richesses. Ils en tirèrent les métaux précieux qu'elle renferme : de l'or, de l'argent, du cuivre, du plomb, du fer (plus particulièrement dans la partie septentrionale), et en si grande quantité, qu'on crut à un incendie général des monts *Pyrénées*, comme l'indiquerait l'étymologie du nom. Ils venaient aussi chercher en Espagne les laines déjà renommées qu'ils transportaient à *Tyr*, pour les filer et les teindre. Leurs premiers établissements furent à *Cadix*, *Gibraltar*, *Malaga*, sur la côte méridionale de la Méditerranée, appelée alors *Tarsis*, *bout du monde*.

Les *Grecs*, instruits par les *Phéniciens* dans l'art de la navigation, vinrent ensuite dans les îles *Baléares* et en *Catalogne*. *Roses* fut fondée par eux, ainsi que *Sagonte*, dont les murailles de *Murviedro* indiquent aujourd'hui la place.

Au-delà des plages ibériennes, les anciens avaient supposé exister cette terre inconnue de l'*Atlantide*,

---

[1] Quelques chroniqueurs font venir le nom moderne d'*Espagne* (España) du mot *sepan*, qui, en langue phénicienne, aurait voulu dire *lapin*, ou des mots *Isp-ania*, en langue orientale, *pays des chevaux*.

pays des fables et objet de la curiosité générale; c'était au détroit de Gibraltar qu'ils avaient placé les *Colonnes d'Hercule*, limite du monde connu. Le bras du demi-dieu avait séparé les deux monts, *Abyla* en Afrique, *Calpé* en Espagne, et les eaux de la Méditerranée s'étaient unies à l'Océan.

Les *Carthaginois*, à la faveur d'une origine et d'une religion communes avec les Phéniciens, s'introduisirent au milieu de leurs établissements, et bientôt s'en rendirent maîtres. Ils s'occupèrent principalement de l'exploitation des mines, et l'or de l'Espagne contribua à accroître la prospérité de leur cité, célèbre, d'abord par le commerce, ensuite par les armes.

Les Romains parurent pour la première fois en Espagne, dans le troisième siècle avant J.-C. Pendant les guerres puniques, le sol ibérien devint souvent le théâtre des débats sanglants entre Carthage et Rome. *Amilcar* avait perdu la vie, en cherchant à se rendre maître de tout le pays, pour y anéantir la puissance romaine. En mourant, il légua sa haine et ses projets à *Asdrubal*, son gendre, qui soumit la plus grande partie de l'Espagne, et à *Annibal*, son fils, qui, à la tête d'une armée presque entièrement composée d'Espagnols, conçut l'espoir d'abattre la rivale de sa patrie; celui-ci marchait vers l'Italie, après le siége mémorable de *Sagonte*, l'an de Rome 526, lorsque les deux *Scipions*, *Cornelius* et *Cneus*, vinrent en Espagne, pour déjouer les plans du Carthaginois; après quelques premiers succès, ils furent défaits et tués dans deux batailles contre *Asdrubal-Barca*, qui conduisit une troupe nombreuse de *Celtibères* au secours de son frère *Annibal*; mais le moment n'était point en-

L'ESPAGNE.

CHAPITRE Ier.

PRÉCIS HISTORIQUE.

Dans les premiers temps de l'histoire, l'Espagne était habitée par des peuplades diverses formant deux grandes divisions, les *Ibères* au nord et à l'est, les *Celtes* au midi et à l'ouest. Ces deux peuples réunis furent appelés *Celtibères*. Les anciens historiens les représentent comme des hommes à moitié sauvages, couverts de peaux de bête ou d'une laine grossière, ne vivant que de pillage, et ayant toujours les armes à la main. Ces armes étaient, comme celles des Germains, de petits boucliers, des casques, des lances, des javelots, des frondes, et une épée à deux tranchants.

La Péninsule tout entière fut aussi désignée sous le nom d'*Ibérie*, pays des Ibères, habitants des bords de core arrivé où Rome devait succomber, et la conquête de l'Espagne fut assurée par les exploits du jeune *Scipion*, dont le début fut la prise de Carthage-la-Neuve.

Toutefois les Romains trouvèrent de grands obstacles dans la résistance énergique des habitants, dans les talents militaires du simple pâtre *Viriatus*, à la tête des *Lusitaniens*, dans le dévouement de la belle et riche *Numance*, qui succomba l'an de Rome 620, après un siége de quatorze années; enfin, ils restèrent pendant long-temps maîtres de toute l'Espagne, qu'ils divisèrent, par rapport au cours de l'Èbre, en *citérieure* et *ultérieure*, et par rapport à quelques-unes des chaînes de montagnes, en trois parties ou provinces, *lusitanique*, *bétique*, *tarraconnaise*: la première bornée à peu près aux limites actuelles du Portugal; la deuxième, située au midi; la troisième, la plus considérable, comprenant le centre, la partie orientale, et celle du nord jusqu'aux Pyrénées.

Les mauvais traitements des Romains remirent les armes à la main des *Lusitaniens*, commandés par le tribun *Sertorius*. Celui-ci, pour échapper aux proscriptions de *Sylla*, s'était joint aux ennemis de sa patrie, et travaillait à l'indépendance générale de l'Espagne, et peut-être à la destruction de Rome, lorsqu'il tomba sous le poignard de *Perpenna*. Ce dernier voulut prendre le commandement à sa place, mais il fut défait et tué par l'ordre de *Pompée*.

Les honneurs du triomphe furent décernés à Pompée, qui eut en outre le gouvernement de l'Espagne. La destruction de *Calaguris*, en mettant fin à la guerre *sertorienne*, avait répandu une telle terreur que toutes les villes ouvrirent leurs portes.

Lorsque *Jules-César* voulut s'assurer l'empire du monde par la défaite de *Pompée*, ce fut en Espagne qu'il dut venir d'abord l'attaquer. Après la bataille de *Pharsale*, les fils de Pompée, voulant venger leur père, furent vaincus dans les plaines de *Munda*, l'an 45 avant J.-C.

Un seul point avait jusque-là résisté à tous les efforts des Romains : c'était la partie où s'étendent les *monts Cantabres*. Octave, le premier sacré auguste, vint lui-même attaquer les fiers montagnards, qui ne furent complétement réduits que par *Agrippa*; et alors toute l'Espagne fut soumise, après une défense opiniâtre de près de deux cents ans. Elle reçut d'Octave des lois sages, et lui éleva des autels et des statues. Elle eut ensuite de longues alternatives de paix, de trouble et de prospérité, sous les empereurs qui suivirent. Rome lui dut et des princes célèbres et d'illustres écrivains : *Trajan*, *Adrien*, *Antonin*, *Marc-Aurèle*, les *deux Théodose*, *Sénèque*, *Lucain*, *Martial*, *Florus*, *Quintillien*, etc.

Au commencement du cinquième siècle, trois hordes barbares du Nord y portèrent le pillage et la dévastation.

Les *Alains*, entraînés par les *Huns*, partis des frontières de la Chine, quittent les bords de la mer Caspienne, où ils s'étaient arrêtés au-delà du *Tanaïs*, longent le Danube, traversent l'*Italie*, la *Gaule*, et viennent, conduits par *Atace*, dans la partie orientale de l'Espagne, vers l'an 409.

Aux Alains s'étaient joints les *Vandales* et les *Suèves*, qui, des bords de la mer Baltique, se dirigèrent à l'est de la Germanie, et pénétrèrent en Italie;

de là, après une grande défaite, ils se retirèrent sur le Rhin, traversèrent la Gaule, et entrèrent en Espagne où ils s'établirent, les Vandales, dans la partie méridionale, les Suèves, conduits par *Hermanric*, à l'Occident.

Peu d'années après parurent les *Visigoths*. Ceux-ci, originaires du midi de la Suède, étaient venus dans la Thrace; ils passèrent le Danube, remportèrent une grande victoire sur l'empereur Valens, en 378, sous les murs d'*Adrianople*; à la mort de *Théodose*, conduits par *Alaric*, ils entrèrent en Italie, pillèrent Rome, firent une halte dans le midi de la Gaule, et, traversant ensuite les Pyrénées, pénétrèrent en Espagne en 417, sous la conduite de leur roi *Ataulphe*, frère d'*Alaric*, mort à *Cozensa*, en Italie, l'an 410.

Ils anéantirent en peu de temps les premiers barbares qui les avaient précédés. Les *Vandales*, ayant à leur tête *Genseric*, passèrent en Afrique, et, sur les ruines de Carthage, fondèrent un royaume qui fut renversé deux cents ans après par *Bélisaire*. Les *Alains* furent immédiatement exterminés; quant aux *Suèves*, ils se maintinrent pendant plus d'un siècle et demi, et ne furent détruits qu'en 582, par le roi *Leuvigilde*.

Les Goths étaient chrétiens, mais avaient adopté l'hérésie d'*Arius*, qui n'admettait point la divinité de J.-C.; il en résulta des guerres acharnées. Chassés de la Gaule par *Clovis*, après la bataille de Tours, en 507, ils transférèrent le siége de leur monarchie en Espagne; leur roi *Amalaric* avait épousé la fille de *Clovis*, et maltraitait tellement cette princesse pour qu'elle se fît *arienne*, que ses frères, *Childebert* et *Clotaire*, entrèrent en Espagne en 531, rendirent la liberté à leur sœur prisonnière, et firent mourir *Amalaric*. Les princes francs eurent beaucoup de peine à repasser les Pyrénées, leurs soldats périrent presque tous; pour eux, ils ne se sauvèrent qu'en suivant, dans les montagnes, des sentiers inconnus. Toute la Péninsule se trouva bientôt après réunie sous le commandement d'un seul chef, *Leuvigilde*, le même qui anéantit les *Suèves*.

C'est sous *Récarède* son fils que la religion catholique se répandit dans toute l'Espagne, après l'abjuration des partisans d'Arius. Restaient encore les Juifs, seuls ennemis de la loi de J.-C. Malheureusement l'ignorance et la superstition altérèrent bientôt la pureté de la morale évangélique.

Cette unité de religion et de gouvernement aurait sans doute, avec le temps, assuré la prospérité de l'Espagne, sans le grand événement qui vint l'entraîner dans de nouveaux désastres. Tandis que le christianisme pacifiait et civilisait les hordes guerrières du nord de l'Europe, une religion nouvelle vint armer et fanatiser les peuples paisibles de l'Orient. Animés par l'esprit du prophète, les sectateurs de Mahomet firent briller le croissant des rives de l'*Indus* aux bords de l'océan Atlantique; ils fondèrent un immense empire comprenant la Perse, la Syrie, presque toute l'Afrique, les îles de la mer Méditerranée, et s'étendant des murs de Bagdad aux Colonnes d'Hercule. L'Espagne leur parut une trop belle proie pour la négliger. Une seule bataille les en rendit maîtres, l'an 711 [1]. Ce fut la bataille de *Xérès de la Frontera*, dans laquelle le roi

---

[1] Par la trahison du comte *Julien*, qui voulut, dit l'histoire, venger l'outrage fait par le roi à sa fille *Cava*.

goth, *Rodrigue*, perdit le trône et la vie. Les Goths avaient eu seuls la domination sur l'Espagne pendant trois cents ans. Les débris de l'armée vaincue se retirèrent dans les monts *Cantabres*, et tout le reste de l'Espagne subit la loi des vainqueurs, que favorisaient les Juifs animés d'une haine implacable contre les Visigoths. Les Sarrasins ne s'en tinrent pas là, et, franchissant les Pyrénées, ils allaient par de nouvelles conquêtes changer la face du monde, lorsque *Charles-Martel*, dans les plaines de Poitiers, en 732, arrêta ces farouches guerriers, sauva l'empire des Francs dans les Gaules, et donna à celui des Goths en Espagne quelque espoir d'affranchissement.

Au neuvième siècle, quatre gouvernements distincts se partageaient la possession de l'Espagne. Les Maures en avaient la plus grande partie. La Navarre s'était rendue indépendante, et l'Arragon s'était réuni à elle; la Catalogne était à des princes issus de Charlemagne, mort en 814; les Goths se maintenaient dans les Asturies, la Biscaye et la Galice. La foi chrétienne régnait dans ces diverses provinces. L'islamisme s'étendait sur le Portugal, l'Estramadure, l'Andalousie, la Castille, les royaumes de Murcie, de Grenade, de Valence.

Les princes musulmans résidaient à Cordoue. Dans le principe, ils n'étaient que des vice-rois, tributaires des califes de Damas. Mais quand la famille des *Abassides* eut arraché le califat à celle des *Omniades*, et que le siége de l'empire eut été transféré à Bagdad, Abdérame, échappé au massacre de tous les siens, se réfugia en Espagne, vers le milieu du huitième siècle, et forma un état indépendant, où il introduisit une civilisation inconnue jusqu'alors. Avant lui, le célèbre *Abdoulrahman* fut sur le point de réunir sous le joug commun toutes les provinces restées indépendantes, mais il échoua ; ce qu'il ne put faire par la force des armes, Abdérame l'obtint par la magnificence et la galanterie de sa cour, par les encouragements donnés aux arts, aux sciences, au commerce, par les moyens de douceur qu'il employa pour attirer à lui les chrétiens, en favorisant l'apostasie et les mariages entre les peuples de croyance ennemie. Le trône qu'il avait élevé devint de plus en plus brillant après lui, notamment, de 912 à 960, sous Abdérame III, le plus puissant calife qui ait régné à Cordoue, qu'on appelait alors la *Nouvelle-Athènes*. Cette cité, dans un territoire riche de tous les dons de la nature, s'embellit encore de tout l'éclat du luxe et des plaisirs, de tous les prestiges des arts et de la gloire. La cathédrale de Cordoue est un monument précieux de cette époque, et le grand nom d'*Abdérame* n'a rien perdu en venant jusqu'à nous.

Les peuples gouvernés par les monarques arabes étaient parvenus au plus haut point de prospérité, tandis que sous les princes chrétiens tout était confusion et désordre : les campagnes étaient pauvres et abandonnées ; les villes, dans un état de guerre continuelle ; les moines, par une vie déréglée, attiraient la censure des conciles ; les seigneurs cherchaient tous à se rendre indépendants : quelle différence avec la situation brillante des Sarrasins ! Mais bientôt ceux-ci entrèrent dans une ère fatale de décadence. Dès le commencement du onzième siècle, l'ambition croissante des visirs introduisit l'anarchie dans l'État. Le royaume d'Abdérame fut divisé. En rivalité du trône qu'il avait fondé à Cordoue, on en vit s'élever d'autres à Valence, à Tolède, à Séville, à Saragosse ; les Espagnols du Nord, profitant de ces dissensions, attaquèrent les Arabes sur tous les points, et les resserrèrent successivement dans la partie méridionale, jusqu'à leur entière destruction, qui n'arriva cependant que long-temps après.

Voici, du neuvième au onzième siècle, quelle était à peu près la situation politique de l'Espagne :

Le royaume de Léon, après être resté près de deux siècles sous la domination des Arabes, fut réuni, en 923, à celui des Asturies, fondé par Pélage en 718, et qui comprenait alors la Biscaye, la Galice, et les Asturies occupées par les Goths. Tout ce pays, formant la souveraineté de Léon, fut joint au royaume de Castille, en 1035, par le mariage de l'héritière des rois de Léon, avec Ferdinand Ier, fils de Sanche-le-Grand.

La noble *Cantabrie*, formée des *Asturies* et des provinces Vascongades actuelles, s'étant toujours soustraite au joug des Maures, appartint, une partie aux rois de Léon, une autre aux rois de Navarre. Au dixième siècle, elle formait une province indépendante, et ce ne fut qu'au milieu du quatorzième qu'elle se trouva réunie à la Castille.

La Navarre, envahie par les Goths vers le commencement du cinquième siècle, subit aussi la domination des Maures ; mais elle en fut délivrée, en 806, par un des fils de Charlemagne qui régnait dans l'*Aquitaine*. Vers l'an 850, un prince de la famille de Bigorre, issue de Clovis, le comte *Inigo-Arista*, érigea la province en royaume. L'an 1000, un de ses petits-fils, *Sanche III*, régna avec gloire sur toute l'Espagne chrétienne; mais le partage qu'il fit de ses États entre ses enfants, nuisit au développement de la prospérité nationale. La branche aînée conserva la Navarre; ce fut Garcie qui monta sur le trône. Ferdinand Ier eut la Castille et Léon; Ramire Ier eut l'Arragon. Ce partage eut lieu en 1035. L'an 1234, la couronne de Navarre passa à Thibaud Ier, comte de Champagne; en 1285, elle fut réunie à celle de France sous Philippe-le-Bel; en 1512, Ferdinand-le-Catholique enleva à la maison d'Albret la Navarre espagnole.

L'Arragon, qui dans le principe était joint à la Navarre, en fut détaché en 1035, à la mort de Sanche-le-Grand.

La Castille fut enlevée aux Sarrasins dans le dixième siècle. En 999, Alphonse V y posait les premiers fondements de l'institution des communes. En 1035, elle fut réunie à l'ancien royaume de Pélage. En 1124, le trône fut occupé par Alphonse VIII, de la maison de Franche-Comté. Après Henri IV, dernier roi de cette maison, en 1474, la Castille passa avec tout le reste de l'Espagne sous le sceptre de Ferdinand et d'Isabelle, dits les *rois catholiques*.

La Catalogne formait une principauté particulière sous des princes français, après avoir fait partie des vastes États de Charlemagne.

Le Portugal fut repris, en 1089, aux Sarrasins, par Henri de Bourgogne, arrière-petit-fils de Hugues Capet.

C'est sous les fils de Sanche-le-Grand que s'immortalisa le fameux *Rodrigue Diaz de Bivar*, surnommé *le Cid*, le héros de son siècle. Il remporta de grandes victoires sur les Arabes, et forma du territoire de Valence un royaume qui s'offrit à lui et que sa modestie l'empêcha d'accepter.

Pendant plusieurs siècles, l'histoire n'offre que des guerres interminables entre les chrétiens et les Sarrasins, et entre les chrétiens eux-mêmes : c'est une longue période d'anarchie et de misère, où l'on ne peut saisir que quelques faits principaux, tels que la bataille d'Osma, en 998, dans laquelle le fameux *Almanzor* fut entièrement défait par Pierre Ier, roi d'Arragon ; celle d'*Ourique*, où *Alphonse Henrique*, après avoir tué cinq rois arabes, fut proclamé par les soldats roi de Portugal ; la célèbre victoire remportée en 1212, à *Navas de Tolosa*, sur les infidèles, par *Alphonse-le-Noble*, roi de Castille, *Pierre II*, roi d'Arragon, et *Sanche-le-Fort*, roi de Navarre, et que l'on dut, en grande partie, à la valeur des chevaliers de *Calatrava*, d'*Alcantara* et de *Sant-Iago*, nouvellement créés ; cent mille Maures, dit-on, restèrent sur le champ de bataille. Quelques années après, *saint Ferdinand* chassa les Sarrasins de Cordoue, de Séville, et mourut en 1252. Vers cette époque, l'hérésie des *Albigeois* ayant introduit de nouveaux troubles dans la chrétienté, avait donné naissance à l'inquisition qui devait coûter à l'Espagne tant de larmes et de sang. L'histoire signale ensuite le règne funeste d'un prince connu par de hauts faits et de méchantes actions, *Pierre-le-Cruel*, que *Duguesclin* vint attaquer jusqu'au centre de ses États, et qui périt de la main de son propre frère, *Henri de Transtamare*, en 1369, à *Montiel*.

Avant la fin du onzième siècle, les guerres contre les Maures ayant déja amené en Espagne plusieurs princes français, un d'eux, de la maison de Bourgogne, le *comte Raimond*, avait épousé la fille du roi de Castille, *Alphonse VI*, et avait fondé une dynastie nouvelle.

Passons rapidement sur ces temps malheureux pour arriver au règne célèbre de *Ferdinand* et d'*Isabelle*, qui, par leur mariage, en 1478, réunirent à l'*Arragon*, la *Castille*, les *Asturies*, l'*Andalousie*, *Léon*, *Cordoue*, la *Biscaye;* par la prise de *Grenade*, en 1492, ils achevèrent de détruire la domination que les Arabes avaient exercée dans la Péninsule pendant plus de sept siècles, en y appelant la richesse, la prospérité et une civilisation portée au plus haut point.

La découverte de l'Amérique, par *Christophe Colomb*, en 1492, vint encore ajouter à l'éclat du règne des *rois catholiques*. Isabelle mourut la première; n'ayant qu'une fille, *Jeanne-la-Folle*, à qui les infidélités de son mari l'archiduc Philippe d'Autriche avaient fait perdre la raison, elle nomma son époux Ferdinand régent du royaume jusqu'à la majorité du fils encore fort jeune de Jeanne. Ce testament, fait en 1504, est la véritable date de la domination en Espagne de la maison d'Autriche.

Après une vive résistance de la part de Philippe d'Autriche, Ferdinand exerça son autorité avec habileté, et non sans gloire; mais il laissa s'introduire dans l'État des causes actives de troubles et de persécutions. Le clergé prit une extension et une puissance outre mesure; l'inquisition, jusque-là renfermée dans l'Arragon, porta ses bûchers dans le reste de l'Espagne. Les Maures et les Juifs en furent chassés, quoique soumis, et se livrant exclusivement à l'industrie et aux arts utiles. On élève à près de trois millions le nombre d'individus de ces deux peuples qui de la sorte abandonnèrent le territoire espagnol, emportant avec eux leurs richesses, et, ce qui était plus précieux encore, le génie et l'amour du travail. Toutefois, Ferdinand, par une administration sévère et bien entendue, mit un frein au pouvoir exorbitant, aux prétentions toujours croissantes des nobles, et sut faire respecter les lois.

Ce prince, à la suite d'un interdit lancé en 1512 par le saint-siége, ôta à la maison d'*Albret* la *Navarre*, qui depuis est toujours restée dépendante de la couronne d'Espagne. La mort de Ferdinand, arrivée en 1516, fit passer la régence entre les mains du cardinal *Ximenès*, jusqu'à la majorité du jeune roi, qui était *Charles-Quint*.

Ce monarque, à l'âge de seize ans, remplaçant sur le trône de Castille la maison de Bourgogne qui l'avait occupé pendant quatre siècles et demi, se trouva régner par droit de naissance sur l'Espagne, le Milanais, la Sicile, les Pays-Bas, et par élection sur l'Allemagne. A ces vastes États, il faut encore ajouter, dans le Nouveau-Monde, les immenses conquêtes du Mexique, du Pérou, etc. Tant de puissance ne l'empêcha point de déposer la couronne qui pesait sur son front; il abdiqua, deux ans avant sa mort, qui eut lieu en 1557. Grand politique, hardi conquérant, ayant tout sacrifié à la gloire et à l'ambition, Charles-Quint mourut dans un cloître, après avoir tenté une domination universelle, et avoir donné à son règne plutôt un éclat vif et passager qu'une prospérité solide et durable.

Son fils, Philippe II, appelé à gouverner tant de

peuples divers, perdit la Hollande, mais, par la force des armes et l'or du Nouveau-Monde, subjugua le Portugal, accrut ses possessions d'outre-mer, et agita l'Europe entière.

D'immenses richesses, des entreprises lointaines et brillantes, les arts et les sciences répondant noblement à la haute protection du monarque, et enrichissant la patrie d'œuvres immortelles, voilà, d'une part, ce qu'offre ce règne célèbre à plus d'un titre; de l'autre, on voit la perfidie, la violence et tous les excès du fanatisme, les bûchers de l'inquisition dressés dans l'Ancien et le Nouveau-Monde, les classes laborieuses et utiles forcées de s'expatrier, et la soif d'un or facile à trouver, dégradant tous les cœurs. Philippe II mourut en 1598, après avoir porté la couronne pendant quarante ans. Le fameux duc d'Albe a attaché son nom à ce long règne.

Philippe III, surnommé le Pacifique, vint après, et mourut en 1621. Les causes de décadence générale dues au règne précédent firent bientôt sentir leur funeste influence, et se développèrent avec une effrayante rapidité: près de 900,000 Maures furent chassés d'Espagne. En peu d'années, l'agriculture, les arts, le commerce, tout fut frappé de mort. Le duc de *Lerme* était le ministre tout-puissant de Philippe III.

En 1625, les Hollandais se rendent maîtres du Brésil; en 1640, une conspiration habilement conduite fait sortir le Portugal et plusieurs colonies de la domination espagnole, et place sur le trône la maison de Bragance. Vers le même temps, les Français s'emparent de la Catalogne et du Roussillon. Enfin l'expulsion totale des Maures, au nombre d'un million et demi environ, porte le dernier coup à l'industrie nationale.

L'abaissement de la nation s'accrut sous Philippe IV, prince faible de corps et d'esprit, qu'animait cependant le désir du bien. Monté sur le trône à l'âge de quinze ans, esclave des menées ambitieuses des jésuites et du duc d'Olivarès, son premier ministre, entraîné dans des guerres longues et désastreuses, tous ses efforts pour adoucir les maux de son pays furent trahis par la fortune. Il perdit une partie des colonies américaines, par l'audace des flibustiers, et les Pays-Bas, par le talent des généraux de Louis XIV. Ce fut entre son ministre *don Louis de Haro* et le cardinal *Mazarin* que la paix dite des Pyrénées fut signée en 1659, dans l'île des Faisans, au milieu de la Bidassoa. De trop nombreuses concessions arrachées à la faiblesse du roi, achevèrent de priver la monarchie de tout ce qui lui restait encore de puissance morale. Ni le mariage de *Marie-Thérèse*, fille de Philippe IV, avec Louis XIV, ni celui de *Marie-Louise d'Orléans*, nièce de Louis XIII, avec Charles II, successeur de Philippe IV, ne purent prévenir ni arrêter entre la France et l'Espagne des guerres funestes à cette dernière nation. Le traité de Westphalie, de 1648, après la guerre de 30 ans, en fixant le droit européen, l'avait déja affaiblie. Nonobstant la honte de ses défaites, Charles II, sans enfants, fit, en 1700, un testament par lequel il institua pour son héritier *Philippe de France, duc d'Anjou*, petit-fils puîné de Louis XIV, arrière-petit-fils de Philippe III, dont la fille, *Marie-Anne d'Autriche*, avait épousé Louis XIII. Ainsi finit en Espagne la domination de la branche aînée de la maison d'Autriche, qui y régna pendant cent quatre-vingt-seize ans. Ce malheureux pays était alors au dernier degré de la misère.

Philippe V fit son entrée à Madrid le 14 avril 1701, et bientôt après commença cette lutte sanglante et longue, si connue sous le nom de *guerre de la succession*, que l'Angleterre et la Hollande firent à la France, pour mettre sur le trône d'Espagne l'*archiduc Charles*. La victoire, long-temps douteuse et si chèrement achetée, resta enfin aux défenseurs de Philippe, et le traité d'Utrecht du 22 mai 1713, confirmé par celui de Rastadt du 3 mars 1714, rendit la paix à l'Europe, mais aux dépens de la monarchie espagnole. Chacune des parties belligérantes en conserva une portion : l'Autriche eut les Pays-Bas, le Milanais, la Sardaigne ; Gibraltar fut cédé aux Anglais. Philippe V, entré en maître dans un pays dont une partie lui avait résisté, et fort de l'esprit du siècle, dépouilla les provinces de leurs anciennes franchises ; mais, rappelant les arts et le commerce, et régularisant l'administration, son règne ne fut point sans gloire ni sans utilité pour la nation. Il avait abdiqué en 1724 ; mais la mort de son fils le força à reprendre le sceptre. Il donna des lois sages à l'Espagne, adoucit les rigueurs de l'inquisition ; et après avoir porté la couronne pendant quarante-cinq ans, il mourut dans sa 64e année. Son règne eût été moins agité sans les vues ambitieuses de la reine et du cardinal *Alberoni*.

Les améliorations commencées par lui continuèrent sous *Ferdinand VI* et *Charles III* son frère, qui, du trône des Deux-Siciles, passa à celui d'Espagne, en 1734, et régna jusqu'en 1787. Avec des intentions éclairées et toutes empreintes de l'idée du bien, il administra sagement les fractions qu'il ne put pas réunir. Il encouragea l'industrie et les arts, il colonisa la *Sierra Morena*, fonda plusieurs sociétés économiques, embellit les résidences royales, et laissa dans chaque province quelque monument d'utilité publique. C'est à lui qu'on doit le canal de Castille et les premières grandes routes qu'ait eues l'Espagne. Enfin, on remarque, sous son règne, l'expulsion des jésuites, qui annonçait une force de volonté qu'on retrouve dans plusieurs actes de son administration, et le pacte de famille qui aurait dû être un traité d'alliance offensive et défensive avec partage égal de chances bonnes ou mauvaises, mais que la situation respective de la France et de l'Espagne ne rendait pas avantageux à cette dernière puissance; ce traité lui coûta, en définitive, et beaucoup d'or et beaucoup de sang.

Charles IV, au commencement de la révolution française, ayant mis pour condition à sa neutralité, que l'on respecterait les jours de Louis XVI, eut à soutenir la guerre contre les troupes de la République, qui, en 1792, pénétrèrent dans la Péninsule, et s'emparèrent de plusieurs places importantes, non sans beaucoup d'efforts. La paix fut signée le 22 juillet 1795, par le traité de Bâle, connu aussi sous le nom de traité de l'an III, et ne fut point troublée jusqu'au jour où Napoléon crut que la gloire lui serait un titre suffisant pour occuper, par un des siens, le trône d'Espagne, en profitant des funestes démêlés survenus entre Charles IV et son fils Ferdinand; démêlés causés en grande partie, à ce qu'on assure, par la fortune si rapide du favori de la reine, *Emmanuel Godoy*, *prince de la Paix*[1]. Le mariage de Ferdinand avec Marie-Antoinette, fille du roi de Naples, fut l'époque des premières dissensions entre le *prince des Asturies* et son père, qui abdiqua le 19 mars 1808, mais qui, peu de jours après, hors de son royaume, dans les murs de Bayonne, annula cette abdication, protestant qu'elle avait été l'effet de la violence. C'était ce qu'on avait appelé la révolution d'*Aranjuez*.

L'année précédente, Napoléon, secondé par quelques hommes marquants de la cour, était convenu avec le monarque espagnol que trente mille hommes traverseraient ses États, pour se porter en Portugal, et ôter la couronne à la maison de *Bragance*. Ce plan avait eu son entière exécution. Le 27 novembre 1807, la famille royale avait fait voile pour le Brésil, et les troupes françaises, commandées par *Junot*, étaient entrées victorieuses à *Lisbonne*.

Ces troupes, soutenues par un second corps d'armée qui franchit la frontière d'Espagne bientôt après, sous les ordres de *Murat*, devaient assurer la possession de la Péninsule entière. Prenant le rôle de médiateur, Napoléon était parvenu à faire venir aussi Ferdinand à Bayonne; aussitôt il annonça « qu'il avait « résolu irrévocablement que la famille des Bourbons « ne régnerait plus en Espagne, qu'elle serait rempla- « cée par la sienne propre....... » La volonté, alors toute puissante de l'empereur, l'emporta sur les faibles princes espagnols que leurs tristes démêlés rendaient

---

[1] Personnage historique, dont les mémoires annoncés et actuellement sous presse promettent des révélations piquantes.

plus incapables encore de résister; une cession formelle fut signée par eux les 5 et 6 mai 1808, et *Joseph*, roi de Naples, frère de Napoléon, fut déclaré roi d'Espagne le 6 juin à Bayonne, et proclamé tel à Madrid le 24 juillet, tandis que la famille déchue du trône acceptait ou l'exil ou la captivité: Charles IV d'abord à Marseille, puis en Italie, avec le plus jeune de ses fils, Ferdinand à *Valençay*, avec les deux autres infants.

La fortune avait jusque-là sanctionné tous les actes de Bonaparte; mais il était réservé à la persévérance espagnole d'opposer à ses projets une barrière infranchissable. Déja le sang avait coulé; le 2 mai, à Madrid, les Français avaient couru les plus grands dangers; et la vengeance éclatante qui en fut tirée n'était pas de nature à calmer les haines; elles s'accrurent de toutes les susceptibilités de l'honneur national outragé et des difficultés d'une occupation militaire. La résistance fut une inspiration générale, soudaine, spontanée, un cri instinctif, un élan sympathique. Sur tous les points à la fois, l'insurrection s'organise; les juntes provinciales se forment; les *guerillas* s'arment dans les montagnes; on déclare traîtres à la patrie tous ceux qui restent attachés aux Français.... la résistance à l'étranger allait être celle de tous les temps, opiniâtre, sanglante, barbare!

En vain Joseph, soutenu par un parti assez nombreux dans la grandesse, l'armée et la magistrature, avait vu s'apposer quelques noms sur les registres ouverts dans la capitale et les provinces pour recevoir le serment de fidélité à la dynastie nouvelle; en vain trois opinions bien tranchées avaient déja divisé les esprits et classé les Espagnols en *nationaux, liberales* et *josephinos* ou *afrancesados;* en vain les *Anglais*, entrés une première fois en Espagne, au mois d'octobre 1808, avaient été forcés par le maréchal *Ney* de se rembarquer *à la Corogne*, le 16 janvier 1809; vainement enfin les troupes françaises avaient pénétré jusque dans l'Estramadure et l'Andalousie, et étaient entrées triomphantes à *Andujar, Grenade, Cordoue, Séville, Jaën, Malaga, Xérès*, etc., l'heure de la délivrance approchait; on avait bien pu soumettre l'Espagne, la conserver était impossible. Quatre-vingt mille Anglais ou Portugais, joints à quarante mille Espagnols soutenus par une population tout entière, armée, ardente et fanatique, allaient harceler de toutes parts les Français déja peu nombreux, et qui avaient vu s'éloigner des corps entiers dirigés en toute hâte vers la Russie.

Déja le 16 juillet 1808, la bataille de *Baylen* avait appris aux Espagnols, surpris eux-mêmes de leur victoire, que la résistance était possible contre les soldats d'Austerlitz et d'Iéna. Quelques mois après, la défense de l'héroïque *Saragosse* en fut une nouvelle preuve; la ville ne capitula, le 21 février 1809, qu'après cinquante-deux jours de tranchée ouverte et des combats acharnés où périrent près de cinquante mille individus, tant des habitants que de la garnison; siége mémorable qui rappelle Numance et Sagonte[1].

---

[1] C'est en mémoire et en reconnaissance de ces hauts faits d'armes qu'on a nommé le général *Castanos*, duc de *Baylen*, et le fameux *Palafox*, duc de *Saragosse*.

Les juntes provinciales, sentant la nécessité de donner de l'unité à l'administration et à la défense du pays, avaient organisé un gouvernement central, en envoyant chacune deux députés qui, réunis à *Aranjuez* au nombre de vingt-quatre, formèrent une *suprême junte centrale*, avec le titre de Majesté, comme représentant le roi, et sous la présidence du comte *Florida-Bianca*. Cette junte, attribuant uniquement à l'autorité royale l'origine de son pouvoir, vit bientôt ses plans et ses actes contrariés par l'effet des circonstances qui ne firent que se compliquer de plus en plus; quelques provinces invoquaient contre elle leurs anciens priviléges. Dès le commencement de 1809, les succès de l'armée française l'avaient forcée à se réfugier à Séville, et, au mois de février 1810, elle avait dû se retirer à l'île de Léon, par suite du terrible désastre d'*Ocaña*, arrivé le 19 novembre 1809.

Le cri public était pour la convocation des anciennes cortès. Ferdinand lui-même, du fond de sa captivité, avait, par des lettres confidentielles, témoigné le désir que, durant son absence, le royaume fût administré par les cortès ou *estamentos* de la monarchie.

La junte centrale, trop nombreuse pour agir avec facilité, et dans l'impossibilité de vaincre les résistances qu'on lui opposait, fit place à un conseil de *régence* composé de cinq membres seulement, et qui prit aussi le titre de Majesté. Le *duc de l'Infantado* en était le président.

Cette régence, qui se déclara tout à la fois pouvoir exécutif, législatif et constituant, s'occupa immédiatement de la convocation des cortès; mais les circonstances rendaient impossibles l'exacte application des anciennes coutumes, et l'observation des mesures qui pouvaient donner une parfaite légalité à cette représentation nationale, par rapport aux colonies surtout, dont on ne pouvait attendre la députation ; de sorte qu'aucunes conditions de garantie sociale ne furent imposées au droit d'élire, et se présenta qui voulut, en attendant que ces conditions, pour les électeurs comme pour les éligibles, pussent être régulièrement prescrites.

Ainsi créées et constituées, les cortès se réunirent le 24 septembre 1810, et se transportèrent peu de jours après à Cadix. Elles avaient une révolution à accomplir ; elles y travaillèrent avec toute l'ardeur et l'exaltation inséparables des circonstances, du caractère et du climat. Enfin parut le résultat de leurs travaux législatifs, promulgué le 19 mars 1812, et qui forma la *constitution de Cadix*, où avaient été réglés les droits et les devoirs du gouvernement, des ordres et des individus. Les principales bases de cette constitution sont présentées dans le chapitre suivant à l'article *Gouvernement*. On n'eut point à décréter la suppression des monastères ; ils avaient été tous détruits pendant la guerre ; il ne restait qu'à laisser les choses dans l'état où elles étaient, ce qui fut fait.

Ce code politique, qui froissait tant d'habitudes et d'intérêts, qui blessait tant de croyances, tant d'affections, devait être accueilli avec des sentiments bien opposés ; mais la lutte fut ajournée. On pensa qu'il y en avait une à soutenir plus pressante, celle contre l'ennemi commun.

La prise de *Valence*, le 9 janvier 1812, fut le dernier triomphe des Français. Alors, pour eux, les revers se succédèrent avec rapidité, à *Gironne*, à *Ciudad-Rodriguo*, aux *Arapiles*, dans les défilés de *Vittoria*: et là finit cette lutte terrible qu'on a appelée *guerre de l'indépendance*. Joseph rentra en France, et Napoléon rendit à la liberté Ferdinand, en lui laissant la faculté de retourner dans sa patrie, mais en lui faisant délivrer un passe-port sous le nom de *comte de Barcelone*, pour ne rien statuer sur ses droits à la royauté.

Ce prince étant entré en Espagne par la Catalogne fut reçu au milieu des transports de l'allégresse générale et des cris répétés d'anathème contre la constitution. Arrivé à Valence, il fit paraître, le 4 mai 1814, un *décret manifeste*, dans lequel, après avoir retracé la marche des derniers événements, et au milieu de promesses assez vagues sur un changement de système, que les circonstances elles-mêmes ne permettaient peut-être pas de mettre à exécution, il protestait de son éloignement pour un gouvernement despotique, annonçait la ferme intention d'appeler à lui les députés de l'Espagne et des Indes, nommés régulièrement d'après les anciennes coutumes du royaume, mais rejetait formellement tout ce qui avait été élaboré et décrété par les cortès de Cadix, déclarant coupable du crime de lèse-majesté quiconque chercherait à faire prévaloir leurs principes. A son entrée à Madrid, qui eut lieu le 13 mai, il fit exécuter une partie des mesures annoncées dans son manifeste : les persécutions, suite trop souvent inévitable d'un changement de gouvernement, ne se firent pas long-temps attendre; les ministres de la régence furent arrêtés, ainsi que plusieurs écrivains et plusieurs membres des cortès.

Les biens des couvents, administrés par l'État depuis leur entière destruction, furent rendus aux anciens possesseurs; l'inquisition fut rétablie, ainsi que le tribunal des compétences ecclésiastiques, *contenciosos*, avec droit d'asile, et plusieurs autres priviléges datant du quinzième siècle; enfin, la constitution de Cadix fut déclarée nulle, comme ayant été faite sans la participation royale, et excitant dans la nation une répugnance extrême. Ce rejet fut vivement demandé par un grand nombre des conseillers du roi, et particulièrement par soixante-neuf membres des cortès qui furent appelés *Perses,* par suite d'une protestation faite et envoyée par eux à *Valence,* et qui commençait par ces mots : *Les Perses*, etc.

C'est à cette époque à peu près que se rapportent les grands événements qui ont changé la situation politique des colonies espagnoles d'Amérique. Elles s'étendaient alors sur une superficie de 229,700 milles carrés, et comprenaient une population de 11,850,000 habitants, répartis entre le *Mexique*, le *Chili*, le *Pérou, Buenos-Ayres, Caracas, la Plata, Entre-Rios, Montevideo,* la *Nouvelle-Grenade,* etc., dans l'Amérique septentrionale et méridionale; et entre les îles de *Cuba, Porto-Rico, Santo-Domingo*, et autres. Cet immense territoire avait pour toute défense 40 mille hommes de troupes régulières et 200 mille hommes de milice. La population de ces colonies, agglomération d'Espagnols, de Créoles, d'Indiens, amalgame de maîtres, d'affranchis, d'esclaves, devait tôt ou tard se séparer de la métropole. Plusieurs causes en hâtèrent le moment. Une des principales fut sans doute l'appel de députés que leur firent les cortès de Cadix, appel qui, lors des élections, leur démontra la possibilité de se gouverner par une représentation nationale sans le concours du chef commun. La lutte fut acharnée, meurtrière; en 1818, elle avait déja coûté la vie à plus de 150 mille hommes, et privé l'Espagne d'un milliard en espèces. On y envoya des troupes à plusieurs reprises; à la fin, vu le triste état où se trouvait la marine, on fut obligé de recourir à la Russie pour se procurer quelques vaisseaux, dont on ne put tirer aucun service.

L'insurrection des colonies avait trois centres principaux : à *Venezuela*, où *Bolivar* luttait contre *Morillo*, après l'installation de la république *colombienne*, pour y réunir la *Nouvelle-Grenade*, *Caracas*, *Carthagène*;

Au *Chili* et au *Pérou*, où les insurgés avaient à leur tête *lord Cochrane*, pour les troupes de mer, et le général *San-Martin* [1] sur terre; le Chili était sous l'autorité despotique du directeur *O'higgins*; le Pérou était défendu par le vice-roi *Pezuela*;

A Buenos-Ayres, il s'était formé une sorte de république fédérative sous le directeur suprême *Puyrredon*; mais cette fédération comprenant les provinces de *la Plata*, *Santa-Fé*, *Cordoue*, *Tucuman*, *Entre-Rios*, *Montevideo*, etc., était agitée par divers partis, ayant à leur tête les généraux *Rondeau*, *Artigas*, *Ramirez*, *Soler*, *Sarratea*, *Valcarcel*, *Rodriguez*.

Pour le Mexique, après avoir offert une couronne

---

[1] Le général *San-Martin*, à qui on a décerné le nom de libérateur du Chili, est à Paris, vivant dans une retraite absolue.

indépendante à l'un des infants d'Espagne, par l'entremise du vice-roi *O-Donoju,* sur leur refus, il laissa prendre le commandement à *Iturbide.*

Dans le mois de janvier 1819, les deux chefs de la famille royale d'Espagne, retirés à Rome où ils vivaient dans la plus profonde retraite avec une subvention de 12 millions de réaux qui ne leur étaient pas toujours bien exactement payés, terminèrent leur carrière à peu de jours de distance l'un de l'autre. Charles IV était d'une force physique remarquable ; il aimait la chasse, la musique ; sa vie politique fut malheureuse ; sa vie privée était remplie d'actes de bonté et de bienfaisance. Il fut constamment sous l'empire de *Marie-Louise* de Parme, sa femme, et sous celui du favori tout-puissant, *Emmanuel Godoy.*

Malgré l'amnistie publiée à l'occasion du second mariage du roi avec *Marie-Amélie,* princesse de Saxe, âgée de seize ans ; malgré diverses mesures administratives prises en faveur du peuple, l'oubli des promesses de *Valence,* l'appât des libertés nouvelles dont les Espagnols avaient fait l'essai, le rappel des jésuites, l'influence toujours croissante du clergé, les exigences de la *camarilla,* les difficultés qu'éprouva dans son application le fameux plan financier du ministre *Garay,* enfin les rigueurs que le pouvoir avait à exercer, donnèrent une nouvelle activité aux idées libérales un instant comprimées. L'armée, mal payée, était mécontente et indisciplinée ; la marine, anéantie depuis *Trafalgar,* n'avait pu se relever des pertes qu'elle avait essuyées. La misère fut bientôt à son comble. La dette s'éleva à un chiffre effrayant, et les valès tombèrent au quart de leur valeur nominale, après avoir été classés en dette consolidée à 4 pour cent d'intérêt, et en dette non consolidée sans intérêt. A diverses reprises, on avait déja fait pour tous les traitements ce qu'on appelait des *cortes de Cuenta*, c'est-à-dire des réglements de compte, avec tous les employés dont l'arriéré n'était point payé, et à qui on donnait en liquidation des certificats de la dette sans intérêt, qu'on négociait difficilement à 3 pour cent du capital. C'est là ce dont se compose en grande partie la dette intérieure actuelle que les Espagnols sont si jaloux de voir niveler avec la dette étrangère; et ce n'est pas sans motif, car les services nationaux et personnels ont bien quelques droits à être les premiers privilégiés.

La constitution de Cadix fut de nouveau invoquée, et le mouvement insurrectionnel éclata dans l'île de Léon et sur le littoral de la Méditerranée. Déja des tentatives avaient été faites par *Mina, Porlier, Lacy*, par le colonel *Vidal*. Elles avaient été étouffées; mais il était facile de prévoir que l'orage recommencerait bientôt et avec plus de force. Ce fut au sein de l'armée expéditionnaire réunie entre Séville et Cadix, au nombre de 15 à 18 mille hommes, destinés à être transportés en Amérique. Cette expédition déplaisait généralement aux troupes. Pour un grand nombre, la révolution ne fut peut-être qu'un moyen d'éviter le départ.

Le 1er janvier 1820, près du village d'*Arcos*, à *las Cabezas de San Juan*, *don Raphaël del Riego* rassemble un bataillon qui y était campé, lui fait prêter serment à la constitution de 1812, tandis que *don Antonio Quiroga*, au village d'*Alcala los Gazules*, agit de même à la tête d'un autre bataillon. De *l'île de Léon*, l'insurrection se propage dans plusieurs parties de la Péninsule, dans l'Andalousie, la Galice, les provinces du Nord, bientôt même dans Madrid, où, pour apaiser la fermentation, le roi fait paraître une déclaration contenant la promesse de nombreuses réformes et du recours aux lois fondamentales de la monarchie, mais sans que le nom de *cortès* y fût prononcé. Ce manifeste n'ayant fait qu'augmenter l'irritation du peuple, le 6 mars 1820, sur les instances du duc de *San-Fernando*, alors président du conseil, parut un décret annonçant la convocation immédiate des *cortès por estamentos*. Les mécontents voulaient davantage, et leurs cris l'exprimèrent clairement. La pierre de la constitution fut relevée: on appelait ainsi un bloc de marbre ou de pierre portant pour inscription : *Place de la Constitution*, et qu'en 1812 chaque commune avait dû ériger au centre de la place principale du lieu. Le soulèvement général mit donc le monarque dans la nécessité d'accepter la constitution si impérieusement demandée; il la jura le lendemain 7, et la révolution resta victorieuse. Une junte suprême provisoire, dont le général *Ballesteros* était l'ame, fut instituée pour diriger les affaires du pays, en attendant la réunion des cortès. Une amnistie générale pour tous les délits politiques ne tarda pas à paraître, ainsi qu'un décret portant le rappel des bannis; on en excepta toutefois les *afrancesados* et les soixante-neuf membres des cortès connus sous le nom de *Perses*. L'inquisition fut supprimée; on rétablit toutes les lois pour la sûreté personnelle et la liberté de la presse, telles qu'elles existaient en 1814. Quelques cafés se transformèrent en clubs, et l'on vit paraître plusieurs feuilles politiques. Le serment du roi, reçu par la junte, le 9, fut répété dans la capitale par tous les militaires, et bientôt après dans les provinces et les colonies. Les démonstrations d'allégresse et de sympathie étaient généralement plus vives dans les ports et dans tout le littoral que dans l'intérieur.

Ce brusque changement, qui entraînait la monarchie dans une voie nouvelle et périlleuse, devait mécontenter bien des gens dans le haut clergé, dans les ordres réguliers, dans la noblesse, dans le parti libéral lui-même, chez qui il se manifesta bientôt des dissidences d'opinions. Les *guérillas* se reformèrent sous le nom de troupes *de la foi;* les constitutionnels organisèrent des corps nombreux de *milices*. De fâcheuses collisions eurent lieu sur plusieurs points; les clubs se livrèrent aux discussions les plus vives : celui du *café de la Croix de Malte* entre autres. Les populations étaient sans cesse agitées par les sociétés secrètes des *francs-maçons*, et des *communeros*, appelés aussi *descamisados* ou *exaltados*. Les *communeros*, ou fils de *Padilla*, en commémoration d'un ancien chef de la société que certaines traditions font remonter jusqu'à Charles-Quint, étaient d'une institution toute récente, avec une organisation pleine de puissance et de hardiesse; ils avaient une junte directrice à Madrid; dans chaque province, une *merindad* ou assemblée provinciale; dans chaque localité, une *tour* ou assemblée particulière. Les membres étaient liés entre eux par un serment redoutable, que leur résolution d'action et leur entier dévouement rendaient encore plus fort. Tout individu, sans excepter le roi, qui aurait abusé de son autorité, devait être jugé, condamné et exécuté par eux. Les francs-maçons, par suite de leur institution toute philanthropique, conservaient plus de modération.

Ce fut au milieu de cette agitation générale des esprits que les cortès commencèrent leurs travaux, le 9 juillet 1820. Le parti de la révolution devait y être en majorité : on y comptait peu de *titrés*, un seul *grand*, un nombre considérable d'ecclésiastiques, d'avocats, et quelques militaires; comme en 1812, la députation des colonies fut prise parmi les colons résidant en Espagne, faute de temps pour attendre les députés américains.

Les *afrancesados* furent alors relevés de l'exil et réintégrés dans leurs biens, mais, par une disposition exceptionnelle, déclarés inhabiles à remplir tout emploi civil. Les finances, dans un état déplorable, offraient une dette dont l'intérêt seul était plus fort que le produit des impôts. Après l'essai infructueux d'un emprunt patriotique, on mit à l'arriéré tout ce qui n'était pas dépense courante, mesure équivalente à la banqueroute; on rétablit la contribution foncière fondée en 1808, et abandonnée en 1814, ainsi que plusieurs taxes que les provinces accueillirent avec répugnance. On fit aux communes la remise de toutes les contributions arriérées; antécédent fâcheux, qui, plus tard, a porté ses fruits. On abolit la dîme ecclésiastique; mais la moitié fut rétablie comme impôt civil au profit du trésor, et n'en parut que plus lourde au peuple, n'ayant plus sa destination pieuse accoutumée. Un emprunt de 300 millions de réaux fut contracté à l'étranger. On décida la suppression progressive des majorats, et de toute espèce de substitutions de biens-fonds, n'admettant que celles faites sur des rentes. On supprima tous les monastères, toutes les congrégations, excepté celles des frères des écoles chrétiennes ; on supprima de même les jésuites et l'inquisition ; on remplaça le supplice de la potence par la *garrotte;* on institua la milice nationale; la fixation de la liste civile fut arrêtée à 10 millions de francs; on délibéra sur la vente des biens ecclésiastiques, avec le projet d'en affecter le produit au remboursement de la dette ; on décréta la liberté d'enseignement, la liberté de la presse; on ferma les clubs et les sociétés patriotiques; l'effectif de l'armée fut fixé à soixante-six mille hommes; enfin, la constitution de Cadix fut remise en pleine vigueur.

Les esprits étaient bien loin de se calmer ; l'armée de l'île de Léon formant le point d'appui de toutes les résistances, on résolut de la licencier, ce qui ne se fit pas sans quelques difficultés; son chef Riégo vint à Madrid, fort de ses succès, et croyant tout possible à son influence sur les masses. Son séjour fut marqué par des scènes fâcheuses, à l'occasion surtout d'une chanson de parti qu'on voulut chanter un soir au théâtre où il se trouvait. Cette chanson devenue populaire, dont le refrain si connu est celui-ci : *Traga-la-perro* (Gobe-la, chien), fut composée en 1813 à Cadix, en haine des *serviles;* elle est devenue un mot d'ordre et un signe de ralliement. Après cette lutte sérieuse, le tumulte fut apaisé. Les agitateurs de la porte *del Sol,* place ordinaire de leurs rassemblements, furent contenus, et Riégo, que l'on destitua du commandement de la *Galice,* fut envoyé à *Oviédo,* son lieu de naissance. Mais il résulta de tout cela, dans le parti même de la constitution, une classification fâcheuse et bien tranchée de *constitutionnels* ou *serviles*, et de *révolutionnaires* ou *anarchistes*, qui amena, quelque temps après les troubles de Madrid, à l'occasion du portrait de Riégo. L'événement récent du 18 janvier 1835 aurait pu avoir les mêmes résultats que la *bataille de las Platerias*, en introduisant la division dans les troupes de la garnison; car de tels mouvements sont rarement des faits isolés.

La clôture de la première session des cortès eut lieu le 9 novembre 1820; le roi, qui s'était éloigné de Madrid, à la suite de nouveaux mouvements populaires, en laissant deviner son peu de sympathie pour le nouvel ordre de choses, fut contraint de revenir dans la capitale le 21, au milieu des menaces et des injures d'une foule exaspérée. La scène devint surtout dramatique par l'apparition du fils encore fort jeune de Lacy, dont la tête était tombée deux ans avant sous le fer du bourreau; l'enfant était porté comme en triomphe, sur les bras de trois individus, un prêtre, une femme et un bourgeois, qui représentaient ces trois différentes classes, et se distinguaient au milieu de la multitude par leurs gestes et leurs cris.

Le projet d'expédition dans les colonies avait été abandonné; dans le principe, les insurgés de l'île de Léon regardaient comme des frères ceux de *Vénézuela* et de *Buénos-Ayres*. Le gouvernement des cortès crut donc un instant que le mouvement politique de la métropole ne ferait que resserrer les liens d'union et d'amitié avec les colonies; mais les populations qui s'étaient rendues indépendantes répondirent aux Espagnols constitutionnels en s'armant des droits que ces derniers invoquaient eux-mêmes.

A l'ouverture de la deuxième session, qui fut faite le 1er mars 1821, le roi, par une résolution brusque et inattendue, annonça le projet de changer les ministres, contre lesquels il développa tous ses griefs; les *afrancesados*, pour la plupart gens de talent et de capacité, qui, dans l'origine, avaient adopté franchement les changements politiques de 1820, mais s'en étaient ensuite éloignés, après l'amnistie incomplète qu'on leur avait accordée, n'étaient point étrangers, dit-on, à cette détermination qui aigrit encore les esprits. Les événements de Naples, du Piémont, du Portugal, eurent un prompt retentissement en Espagne, où de fréquentes alternatives d'inquiétudes et de joies outrées amenèrent une funeste anarchie dont un régime de terreur fut l'inévitable conséquence. Sur divers points de la Péninsule il y eut des arrestations, des déportations, commandées et exécutées, sans le concours de l'autorité légale, par un pouvoir occulte, ce qui motiva deux lois rendues par les cortès, l'une portant la peine de mort contre toute atteinte à la religion et à la constitution, l'autre créant des conseils de guerre qui devaient prononcer le jugement dans un délai de six jours après l'arrestation, et faire exécuter la sentence dans les quarante-huit heures.

Le gouvernement se lançait lui-même dans les voies de la violence; le peuple l'imita. Le 4 mai, en plein jour, après une délibération prise par acclamation à la porte *del Sol*, le marteau populaire frappa *don Mathias Vinuesa*, curé de *Tamajon*, accusé d'un plan de contre-révolution; d'autres têtes avaient été désignées, mais on arriva à temps pour les sauver. Les clubs, toutefois, célébrèrent ce premier triomphe, et adoptèrent, pour signe de reconnaissance, des *cannes à marteau*, que devaient porter tous les membres.

La session fut close le 30 juin, après de nombreux essais, mais tous infructueux, pour rétablir l'ordre et maintenir le cours de la justice. Les principales mesures qu'on arrêta, furent : la suppression des gardes du corps; la soumission des ecclésiastiques au tribunaux ordinaires; l'abolition des droits seigneuriaux résultant d'un titre féodal; l'organisation de l'instruction publique; la mise en vigueur de la contribution directe, et, pour couvrir le déficit du trésor qui s'élevait à 81 millions de réaux, la création d'un emprunt de 85 millions de francs, moitié en numéraire, moitié en créances sur l'état, lequel emprunt n'obtint que 99 millions de réaux de souscriptions.

Les sociétés secrètes continuèrent à user de tous leurs moyens d'action pour soulever le peuple, et leur puissance était d'autant plus grande, qu'après avoir été placées en dehors de la police, elles n'offraient à la tranquillité générale d'autres garanties que la responsabilité des *présidents;* aussi les principaux foyers de ces volcans en feu étaient toujours la porte *del Sol*, le café *de Malte* et la *Fontana de Oro*, d'où partaient chaque jour de nouveaux essais de désordre, qui n'étaient comprimés qu'avec peine par la fermeté du général *Morillo*, nommé comte de *Carthagène*, en mémoire de la guerre qu'il avait soutenue contre Bolivar. *Morillo*, pendant quelque temps, contint les factieux; mais bientôt éclata l'orage, d'autant plus fort, qu'il avait été un instant comprimé. Les meneurs ne cherchaient qu'une occasion; ils la trouvèrent dans l'arrestation récente de Riégo, soupçonné par le gouvernement d'avoir voulu mettre à exécution un système démocratique, apporté en Espagne par *Cugnet de Montarlot*, officier français. On décida à la *Fontana de Oro* de promener dans les rues le portrait en pied de Riégo, avec le costume qu'il avait à l'île de Léon, tenant d'une main le livre de la constitution, et de l'autre renversant le despotisme. Les magistrats voyant dans cette promenade triomphale une insulte au gouvernement et une cause de désordre, voulurent l'empêcher; le peuple résista. La troupe reçut l'ordre de s'opposer à son passage dans la rue des *Orfévreries*; une partie des soldats hésitait, et même était prête à se joindre aux factieux, lorsque l'anarchie fut encore une fois vaincue par l'énergie des généraux San-Martin et Morillo. Ces deux chefs en imposaient tellement aux agitateurs, que ceux-ci résolurent de les nommer députés, pour les priver de leurs fonctions militaires; mais le roi se hâta de leur donner des emplois de cour, incompatibles avec la députation.

Dans la crainte de laisser trop long-temps le gouvernement sans l'appui des cortès, dans l'intervalle d'une session à une autre, la constitution avait posé les bases d'une députation permanente, composée de sept individus, choisis par les cortès elles-mêmes; cette commission ouvrit ses séances le 28 septembre 1821. Parmi plusieurs travaux d'utilité générale dont elle s'occupa, il faut remarquer: une nouvelle division territoriale faite avec discernement et prudence, en conservant et subdivisant les anciennes provinces; une autre division militaire par districts, et la création d'un code civil et criminel, où l'institution du jury était introduite.

La fièvre jaune désolant les provinces du nord, vint ajouter aux embarras du gouvernement, et autorisa la France, sous le prétexte de sa sûreté particulière, à former un cordon sanitaire sur la frontière; mesure qui donna lieu ensuite à beaucoup de plaintes et de récriminations. Il y eut même déja quelques notes échangées entre les cabinets de Madrid et de Paris.

L'agitation intérieure sortit bientôt de son apparent sommeil, et se répandit dans les provinces, toujours à cause des actes sévères dont Riégo avait été l'objet; son buste était partout promené en triomphe comme à Madrid. Les villes où les démonstrations prirent un caractère plus sérieux, furent Saragosse, Séville, Murcie, Cordoue, Grenade; les désordres cependant furent apaisés. Pour aider à l'action protectrice des lois et contrebalancer les sociétés secrètes et les clubs, on imagina de réunir, sous le nom de Société des *Amis de la Constitution*, ou de *l'Anneau*, tous les hommes sages et modérés qui avaient donné le plus de gages aux institutions nouvelles. Cette réunion sans mystère, sans serment, sans affiliation dans les provinces, n'était pas de nature à avoir force et durée, comme celle des francs-maçons et des communeros : elle avait à résister à trois leviers puissants, qui battaient sans cesse en brèche la société : c'étaient les pétitions, les sociétés patriotiques, et la presse. Des lois furent proposées pour prévenir et arrêter le mal; ces lois ne furent pas adoptées sans une vive résistance. Les *anilleros*, qui comptaient dans leurs rangs *Martinez de la Rosa*, *le prince d'Anglona*, et tant d'autres restés en exil à l'étranger jusqu'à la dernière amnistie, n'en étaient pas moins nommés *serviles* par les révolutionnaires.

La session de 1822 s'ouvrit le 1ᵉʳ mars. La présidence du conseil était toujours confiée à *M. Martinez de la Rosa;* mais les choses avaient tellement marché, que l'assemblée, presque entièrement composée d'hommes exaltés, appela à la présidence Riégo : c'était une profession de foi solennelle; les travaux cependant commencèrent avec tranquillité, et dans une direction d'utilité publique; l'esprit de parti, qui semblait se calmer dans la capitale, avait porté toute son effervescence dans les provinces, à *Valence*, à *Barcelone*, à *Pampelune*. *Vive Dieu!* était le cri des milices; *vive Riégo!* celui des soldats; les troupes de la foi criaient *vive la religion, vive le roi absolu!* La guerre civile avait éclaté sur plusieurs points; pendant long-temps elle n'avait offert que des tentatives isolées; alors elle prit un caractère d'ensemble et d'unité; des chefs entreprenants parurent à la tête des soldats de l'armée de la foi : *Merino*, dans la Castille; *Misas*, dans la Catalogne; *Quesada*, dans la Navarre; *Truxillo*, dans l'Aragon, et le plus célèbre de tous, *Antonio Marañon*[1], si connu depuis sous le nom du *Trappiste*, portant sous sa robe de moine et la croix et le glaive, donnant en même temps et sa bénédiction et l'ordre du combat, paraissant enfin le premier sur la brèche, le 21 juin, un crucifix d'une main, un fouet de l'autre, à l'assaut et à la prise de la *Seu-d'Urgel*. A cette époque il y eut quelques explications entre les ministres de France et d'Espagne, au sujet d'exportations d'armes destinées aux troupes royalistes, et de rixes entre les bergers des deux nations pour des pâtu-

---

[1] Jadis officier au régiment de Murcie.

rages dont la jouissance est depuis longtemps en contestation.

La session fut très-orageuse, ainsi qu'on pouvait le prévoir; cependant le gouvernement conserva dans la chambre une majorité à laquelle on ne se serait pas attendu, d'après sa composition et la marche des événements; cette prépondérance inespérée ne put être attribuée qu'à l'habileté et à l'éloquence des membres du ministère, et surtout à la réputation d'honnête homme dont jouissait généralement le président du conseil.

On approchait du moment d'une grande catastrophe. Déjà les jours du général *Elio* avaient été menacés; la clôture de la session avait été fixée au 3o juin; une grande fermentation régnait dans la capitale; sans cause apparente, une crise violente paraissait inévitable. Au retour du roi à son palais, au milieu des cris contradictoires de *vive le roi constitutionnel! vive le roi absolu!* une rixe s'élève entre les soldats de la garde royale; un de leurs officiers veut les contenir, il tombe, frappé d'un coup de feu; c'était *Landaburu*, connu par son libéralisme. A ce signal de mort, le désordre est à son comble; chacun se range sous le drapeau politique qu'il a adopté. D'un côté, les *serviles*, de l'autre, les *communeros*. Six jours se passent en fluctuation continuelle, en négociations, en messages. Le 6 juillet au soir, on parlait d'arrangements, de concessions réciproques... Le lendemain les rues de Madrid étaient couvertes de cadavres! Quatre bataillons de la garde, qui étaient sortis de la ville, y rentrèrent pendant la nuit, formant trois colonnes, et écrasant tout ce qu'ils rencontraient. Leur succès ne fut pas long; la mitraille des miliciens et de la ligne, le fer des hommes du *bataillon sacré*, anéantirent cette troupe brillante. Journée funeste, dont le souvenir met encore Madrid en deuil!

A tant de sang versé dans la chaleur du combat, il faut encore ajouter celui de deux individus qui tombèrent sous le fer du bourreau : le lieutenant-colonel *Goiffieux*, à Madrid; et le général *Elio*, à Valence.

La fatale journée du 7 avait entraîné la chute du ministère, et remis le pouvoir entre les mains des *exaltados*. Elle décida aussi la convocation des cortès extraordinaires pour le 7 octobre suivant, et donna lieu à la formation de la Société *landaburienne*, dont les séances furent si orageuses.

Sur ces entrefaites, l'insurrection royaliste des provinces du nord prenait chaque jour plus de consistance, à la suite de combats nombreux où les deux partis déployaient un courage et une audace remarquables, mais en se livrant trop souvent à des actes d'une cruauté révoltante; triste exemple, qui trouve encore aujourd'hui des imitateurs. L'insurrection, qui n'avait eu jusque-là que des chefs militaires, reçut une organisation politique régulière. Une *régence suprême d'Espagne, pendant la captivité de Ferdinand VII*, s'établit à la *Seu d'Urgel*, le 14 septembre 1822, avec le titre d'Altesse sérénissime; elle se composait du marquis de Mata-Florida, président, de l'*archevêque de Taragone* et du *baron d'Éroles*; son premier soin fut de proclamer roi Ferdinand VII, avec tous ses anciens droits, déclarant nuls tous les actes publiés en son nom, depuis le moment où il avait été contraint d'accepter la constitution, et appelant tous les soldats sous ses drapeaux, en leur promettant un réal de haute paie. La guerre civile présenta alors des alternatives de succès et de revers qu'il ne serait pas possible de détailler ici, et dont il était difficile de prévoir l'issue.

La France ne pouvait rester indifférente à tout ce qui se passait en Espagne, et voyait ses inquiétudes partagées par les puissances européennes; celles-ci, par suite des résolutions prises au congrès de Leybach, venaient de mettre fin aux révolutions de Naples et du Piémont. Elles s'étaient bornées jusque-là, pour la Péninsule, aux conseils et aux remontrances; le 14 décembre 1822, au congrès de Vérone, il fut décidé que la Russie, l'Autriche, la Prusse et la France, avant de retirer leurs ambassadeurs, tenteraient de nouveaux essais de conciliation en employant la médiation de l'Angleterre, et qu'enfin, la France, dont le cordon sanitaire avait déjà pris le nom d'armée d'observation, ferait entrer ses troupes en Espagne, si les cortès usaient de violence envers Ferdinand, ou cherchaient à propager au-dehors leurs idées révolutionnaires.

Les derniers événements ayant prouvé que la Péninsule était plus que jamais livrée à l'anarchie, et les notes des puissances étrangères ayant reçu du ministre *don Evaristo San Miguel*, des réponses négatives assez connues, une intervention protectrice fut annoncée dans le discours d'ouverture des chambres françaises, le 28 janvier 1823. Soixante mille hommes se trouvèrent bientôt réunis sur la frontière, et le 22 mars le duc d'Angoulême vint se mettre à leur tête. Il se forma de suite à Bayonne, près du prince, une *junte provisoire*, sous la présidence du général *Eguia*[1]:

---

[1] Surnommé en Espagne *Coletilla*.

la junte, par une proclamation datée du 6 avril, annula tout ce qui avait été fait en Espagne depuis le 7 mars 1820. De leur côté, les cortès faisaient tous leurs efforts pour prévenir ou repousser l'attaque dont elles étaient menacées; trois corps principaux occupaient les provinces frontières; et dans la crainte que l'ennemi ne pénétrât jusqu'à Madrid, on décida la translation de la famille royale et du siége du gouvernement dans la capitale de l'Andalousie; le départ eut lieu le 20 mars 1823, et le cortége arriva à Séville le 10 avril.

Le 7 avril, les Français passèrent la *Bidassoa* et pénétrèrent sur le territoire espagnol. Ils étaient divisés en quatre corps; le premier commandé par le duc de *Reggio*, le deuxième par le général *Molitor*, le troisième par le prince de *Hohenlohë*, le quatrième, entrant par la Catalogne, était sous les ordres du maréchal *Moncey*. Du côté des Espagnols, don *Francisco Espoz y Mina* commandait en Catalogne; *Ballesteros*, dans la Navarre et l'Arragon; *Morillo*, dans la Galice; le corps de réserve était sous les ordres du comte de l'*Abisbal*. Ces divers corps espagnols joints aux garnisons, présentaient un effectif d'environ 130 mille hommes; nombre égal à peu près à celui des Français et des divisions royalistes.

Les troupes françaises éprouvèrent d'abord peu de résistance; le 24 mai elles occupèrent Madrid, aux acclamations de la multitude, et au milieu de ces démonstrations vives et bruyantes qu'on retrouve toujours en Espagne, lorsque les mouvements s'opèrent dans le sens des idées du clergé. Les Français, accueillis partout, ou comme des libérateurs ou comme des protecteurs, se répandirent promptement sur tous les points de la Péninsule, en se portant rapidement sur Séville, avec l'espoir d'y trouver encore le roi; mais dès l'occupation de Madrid, les cortès s'étaient retirées à Cadix, avec toute la famille royale, le 15 juin; ce qui empêchait de terminer l'expédition aussi vite qu'on l'avait espéré. La Catalogne, la Navarre, la Biscaye, les Asturies, Valence, offrirent aux Français quelques lauriers à cueillir, à *Molins-del-Rey*, à *Mataro*, à *Llers*, à *Campillo*, sous les murs de *Barcelone*, de *Figuières*, de *Santoña*, de la *Corogne*, aux siéges de *Saint-Sébastien*, de *Pampelune*, etc.

Les hostilités avaient cessé sur presque tous les points, après la convention signée le 30 juillet entre les généraux Molitor et Ballesteros; une régence à la tête de laquelle était le duc de l'*Infantado*, était chargée du gouvernement du royaume, jusqu'à ce que Ferdinand VII fût sorti de Cadix. Pour empêcher les réactions, le duc d'Angoulême fit paraître le 8 août, à *Andujar*, une ordonnance propre à rendre le calme au pays, si les susceptibilités du parti dominant alors, n'en avaient pas annulé tout aussitôt les bons effets. Entre autres mesures de prudence, elle prescrivait aux autorités espagnoles de ne faire aucune arrestation sans l'autorisation du commandant des troupes françaises, qui se trouvait dans leur arrondissement. Dès que cette ordonnance fut connue, elle devint l'objet d'une protestation en forme de la part de la régence, et d'une opposition presque hostile dans l'armée de la foi.

Cadix résistait encore, et les souvenirs de 1810 pouvaient faire craindre une défense longue et opiniâtre.

On y avait proposé de transporter les cortès et la famille royale à la Havane; l'escadrille qui croisait dans la rade pour empêcher les vivres de passer, rendait cette translation impossible. La prise du *Trocadero* enlevé le 31 août, le bombardement commencé par la flottille, et les travaux du siége poussés avec une extrême vigueur, décidèrent la reddition de la place, qui s'opéra le 30 septembre; les cortès s'étaient dissoutes le 28, et le 1er octobre Ferdinand, amené avec tous les siens, par l'amiral *Valdès*, au *Port Sainte-Marie*, où se trouvait le prince généralissime, fut rétabli dans la plénitude de sa puissance. La régence cessa de suite ses fonctions; un décret annula tous les actes du gouvernement constitutionnel, depuis le 7 mars 1820, et le roi fit son entrée à Madrid quelque temps après, sur un char de triomphe, au milieu des plus vives acclamations, et des cris répétés de *vive le roi absolu!* Le prince qui lui avait rendu la liberté, eut à regretter de voir négligés quelques-uns de ses conseils donnés dans l'intérêt général; et dès qu'il eut appris la reddition de *Lérida*, et de la *Seu d'Urgel*, qui capitulèrent les 18 et 21 octobre, toutes les places ayant enfin ouvert leurs portes, il quitta, le 4 novembre, le territoire espagnol, après une campagne rapide, où brillèrent la discipline et la loyauté françaises.

Le chef principal de la révolution, Riégo, qui était sorti de Cadix pour rassembler les débris des troupes constitutionnelles, et tenter un dernier effort, avait été blessé dans un combat meurtrier près de *Jodar*, le 14 septembre, et abandonné de ses soldats; il cherchait à gagner la *Sierra-Morena*, lorsqu'il fut reconnu et arrêté par des paysans espagnols, dans une ferme près la *Carolina d'Arguillos*. Conduit à Madrid, et jugé par l'audience des alcades, appelée *Vista*, il fut traîné sur la claie et pendu sur la place de la *Cebada*, le 5 octobre. Sa mort, malheureusement, ne mit point fin aux haines et aux excès de partis. La présence des Français devenait indispensable; les trois années d'occupation qui suivirent, remarquables par la bonne intelligence des troupes étrangères avec les habitants, sont, dans l'histoire du pays, un fait exceptionnel que l'on ne peut rigoureusement expliquer que par les dispositions bienveillantes du clergé.

Après le départ des Français, l'Espagne fut plus tranquille qu'on n'avait osé l'espérer. Le gouvernement comprima, sans les étouffer, les ressentiments des mécontents, qui, sans rien oublier, attendaient.... C'est le propre des Espagnols, de ce peuple *qui ne sommeille jamais que les armes à la main.*

La paix, en se prolongeant, fit luire sur l'Espagne des jours plus prospères; le commerce et l'industrie prirent un heureux développement; l'armée était peu nombreuse, mais belle; les rentrées du trésor se faisaient assez facilement, surtout depuis 1828. L'instruction se répandait; les villes principales, Madrid, Burgos, Vittoria, Barcelone, s'embellissaient en s'agrandissant; l'amélioration était sensible, lorsque la fin du règne de Ferdinand est venue rallumer dans ce malheureux pays les brandons de la discorde.

Ferdinand VII s'était remarié en décembre 1829, à la fille de François Ier, roi des Deux-Siciles, *Marie-Christine*, sœur de la duchesse de Berri. On accueillit avec ivresse la jeune reine, belle, gracieuse, bonne, brillant dans les fêtes publiques, qu'*Amélie de Saxe* fuyait par excès de dévotion. Marie-Christine devint bientôt toute populaire, et prit autant d'ascendant sur son époux que sur ses sujets. Bientôt elle domina dans le conseil des ministres. Le 5 avril 1830, la reine étant grosse, il parut une ordonnance royale, sous la date du 29 mars, qui, changeant la loi d'hérédité de Philippe V, rendait les filles habiles à succéder au trône, à défaut d'enfants mâles. Ce décret, publié avec éclat, n'était, y disait-on, que la confirmation et la promulgation de celui qui avait été préparé par Charles IV à la demande des cortès de 1789, lequel décret, tenu secret par l'importance des événements et les réclamations des diverses branches de la maison de Bourbon, aurait été reproduit par les cortès de 1812. Don Carlos ne crut point alors devoir protester contre la décision du chef de la famille. Le 19 octobre 1830, la reine donna le jour à *Marie-Isabelle-Louise,* qui fut alors désignée comme l'héritière présomptive du royaume, non sans des signes manifestes de mécontentement et d'opposition, dans un parti nombreux.

La révolution de juillet, en France, était venue donner à l'Europe une de ces secousses qui ont un long et vaste retentissement; la commotion se fit aussitôt sentir dans toute la Péninsule; la frontière devint un centre de mouvements et de tentatives armées de la part soit des constitutionnels, soit des absolutistes. Des combats meurtriers eurent lieu à l'île de Léon, à Malaga; une commission militaire permanente fut établie à Madrid.

Une seconde grossesse de la reine donnait à la nation l'espoir que l'ordre de succession de mâle en mâle ne serait point troublé; et, par un codicille, le roi, qu'on avait dit mort au mois de septembre 1831, et qui n'avait été que très-malade, avait signé un acte de révocation que lui avait présenté M. *Calomarde*, lorsque, dans les premiers jours de janvier 1832, la naissance d'une seconde fille vint tout remettre en question. Le codicille, arraché par surprise et par l'effet de fausses terreurs, à ce que dit Ferdinand VII, lors de sa convalescence, fut déclaré nul, et la loi *antisalique*, ou *pragmatique-sanction*, maintenue loi du royaume. Un décret chargea la reine de l'expédition des affaires, tant que durerait la maladie du roi. Marie-Christine s'occupa de suite de la réouverture des universités, d'une amnistie pour tous les délits politiques, et de diverses autres mesures de conciliation et d'utilité publique. Le Portugal était alors le théâtre d'une lutte funeste entre les deux princes de la maison de Bragance; l'Espagne conservait la neutralité.

Le 4 janvier 1833, Ferdinand reprit la direction du conseil; le 13 mars, *il permit à don Carlos* et à sa famille de se rendre en Portugal. Depuis long-temps on parlait, pour assurer les droits de la jeune infante à la couronne, de la convocation des *cortès por estamentos;* le 7 avril, parut un décret qui les convoquait pour le 20 juin, au couvent de *Saint-Jérôme* du *buen Retiro* à Madrid, dans le seul but de prêter serment de fidélité et d'obéissance à l'infante *Marie-Isabelle*, la loi salique étant tenue bien et dûment abrogée par la pragmatique-sanction de 1830.

Cette solennité fut accompagnée de fêtes magnifiques, combats de taureaux, baise-mains, galas, etc.

Le roi, étant assez bien rétabli, commanda en personne une petite guerre. Ces fêtes, qui durèrent trois jours, furent un peu troublées par la protestation, déja assez répandue, que don Carlos venait d'envoyer de sa résidence en Portugal au roi son frère, et par l'absence calculée de l'archevêque de Tolède, primat d'Espagne, qui donnait des inquiétudes sur l'esprit du clergé. Le patriarche des Indes remplaça l'archevêque absent. Une protestation des cours de Naples et de Piémont suivit de près celle de don Carlos.

La santé du roi s'affaiblit de nouveau, et, le 29 septembre 1833, il mourut d'une attaque d'apoplexie foudroyante, à l'âge de quarante-neuf ans. Sa fille, Isabelle II, fut immédiatement proclamée reine, et Marie-Christine prit la régence, aidée d'un conseil, déja nommé sous le ministère Calomarde. Toutes les provinces du centre et du midi se tinrent tranquilles; les provinces vascongades et la Navarre furent alors les seules qui s'insurgèrent. Le 4 octobre à Bilbao, et le 7 à Vittoria, on entendit les premiers cris de *vive Charles V*. Le mouvement insurrectionnel s'étendit promptement dans toute la partie comprise entre l'Arragon, la France, la mer, les Asturies et l'Èbre.

Au mois de juillet 1834, don Carlos partit d'Angleterre, où il s'était retiré par suite d'événements bien connus, et parut dans les Pyrénées espagnoles, à la tête des bataillons que ses partisans avaient déja organisés. Le gouvernement de la reine ne tarda pas à prononcer sa déchéance et la confiscation de ses biens. On porte à 25 mille hommes environ le nombre de ses défenseurs armés et réunis sur le théâtre actuel de la guerre. La lutte a déja été sanglante; elle sera longue sans doute. Les soldats de don Carlos sont dévoués et presque invincibles dans leurs montagnes ; ils sont encore les descendants de ces fiers Cantabres qui s'entre-égorgeaient plutôt que de perdre leur indépendance. La guerre qu'ils soutiennent est politique, dynastique ; elle est aussi dans un but de conservation de priviléges locaux, qui ne pourraient que diminuer à toute espèce de changement. A tous ceux qui voudront les gouverner, ils diront encore ce que disaient les Arragonais à leur roi, en lui appuyant une épée sur le sein : « Nous qui valons autant que vous, nous vous « proclamons notre roi et seigneur, à condition que « vous conserverez nos priviléges ; sinon, non. »

Les troupes de la reine, dans les provinces insurgées, se composent de 30 à 40 mille hommes bien organisés et soutenus par plusieurs places fortes, entre autres *Pampelune*, centre des opérations militaires, et où *Mina* a établi son quartier-général.

Avant de terminer ce chapitre, il ne sera pas sans intérêt de donner quelques indications sur les membres actuels de la famille royale et les acteurs principaux qui figurent sur le théâtre de la guerre.

La jeune reine est âgée de quatre ans ; sa sœur en a trois.

Marie-Christine, régente du royaume, a vingt-neuf ans.

Sa sœur aînée, l'infante *Luisa-Carlotta*, âgée de trente-un ans, jouit d'une grande popularité ; elle est mariée à l'infant *don Francisco de Paula*.

Don Carlos, second frère de Ferdinand, et, comme tel, prétendant au trône d'Espagne, sous le nom de *Charles V*, est très-différemment jugé par ses ennemis et ses partisans; il est d'une taille ordinaire, d'une physionomie calme, froide et grave; il est silencieux, réfléchi, très-pieux; la mort lui a enlevé dernièrement sa femme, *Marie-Françoise d'Assises*, infante de Portugal, qui avait sur son esprit un ascendant justement acquis. Il est né en 1789; il a trois enfants mâles: l'aîné, âgé de dix-sept ans, qui prend le titre de prince des *Asturies*, est doué, dit-on, d'heureuses dispositions; il a été nommé, par un manifeste de son père, généralissime des armées espagnoles. On parle de la possibilité de son mariage avec *dona Isabella*, comme moyen d'accommodement; c'est, dit-on, le but de négociations récentes, dont le succès est encore fort incertain.

Don Francisco de Paula, âgé de quarante ans, troisième frère de Ferdinand, est soutenu et désigné, dit-on, par un parti assez nombreux, comme pouvant être un jour le roi élu de la nation. Il a plusieurs enfants; le second des garçons, *don Henrique*, âgé de treize ans, a été proposé pour être l'époux de la jeune reine. S'il montait sur le trône, il porterait le nom d'*Henri V*.

L'infant *don Sébastien*, encore jeune, a épousé, il y a peu d'années, *Marie-Antoinette* de Naples, sœur cadette de l'infante *Luisa* et de *Marie-Christine*. Il est retiré à Naples, par suite, dit-on, de ses opinions dynastiques.

La princesse de *Beïra*, mère de cet infant, est en Angleterre, tenant aussi lieu de mère aux enfants de don Carlos et étant à la tête de son parti. Cette princesse est connue par ses talents et la fermeté de son caractère.

Mina, qui s'était déjà fait connaître dans la guerre

de l'indépendance, résista à Ferdinand, lorsque celui-ci abolit la constitution de 1812. En 1814, il fit une tentative sur Pampelune; n'ayant pas réussi, il se retira en France et ne rentra dans sa patrie que pour servir les cortès en 1820, et combattre l'armée de la foi, en Catalogne. Il fut alors le dernier à se soumettre. En 1830, de concert avec *Valdès*, il tenta un nouveau mouvement en faveur de la constitution, également sans succès. Il est né en Navarre, où son nom a eu une grande influence. Il est très au fait de la guerre de montagnes. On vante ses talents militaires.

Zumala-Carreguy, en 1820, était capitaine d'infanterie. En 1823, il commandait un des bataillons de l'armée de la foi, qui prenaient part au blocus de Pampelune. Il fut en activité, jusqu'en 1830, comme colonel chargé de l'organisation des troupes, fonctions dont il s'acquitta avec une rare capacité. Il a été un des premiers à se prononcer pour la cause de don Carlos, dont il est le premier officier. Il est entreprenant, très-désintéressé, esclave de sa parole. Il a quarante-cinq ans : sa taille est belle et sa figure agréable. Il est né dans la Navarre, à *Aranaz*, dont la position inaccessible, au milieu des montagnes, offre en tout temps une retraite assurée à ceux de son parti.

En résumant ce qui a été dit dans cet aperçu historique, on voit que le pays des Celtibères, après les Phéniciens, les Grecs et les Carthaginois, fut occupé par les Romains, depuis le deuxième siècle environ avant Jésus-Christ, jusque vers l'an 409;

Que les Goths y dominèrent, de 417 à 705;

Que les Maures, remplaçant ces derniers, évacuèrent la Navarre en 780; la Catalogne, en 820; le royaume de Léon, en 923; la Castille, en 973; l'Arragon, en 1018; Cordoue, 1236; Séville, 1248; Valence, 1264; Murcie, 1265; et enfin Grenade, en 1492, époque de leur expulsion totale.

Pendant l'occupation des Maures, les Goths se maintinrent dans les Asturies, la Biscaye, la Galice, et y joignirent Léon en 923. Leurs descendants se retrouvent encore dans ces mêmes provinces.

La maison de Navarre, issue de la maison française de Bigorre, régna en Navarre, de 850 à 1234. Elle y fut remplacée par la maison de Champagne, jusqu'en 1285, et par celle des rois de France, jusqu'en 1494. Vinrent alors les princes d'*Albret* jusqu'en 1512.

La maison de Charlemagne resta en Catalogne, de 820 à 1162.

Elle fut remplacée par la maison de Bourgogne, qui joignit, à la Catalogne, l'Arragon et Valence, jusqu'en 1410.

Une autre branche de la maison de Bourgogne régna en Portugal, depuis 1089 jusqu'en 1367.

Des princes issus de la maison de Franche-Comté régnèrent en Castille et Léon, de 1124 à 1474.

En 1478, le mariage de Ferdinand et d'Isabelle réunit, sous un même sceptre, presque toute la Péninsule, et en 1504, le testament d'Isabelle plaça tous les divers états espagnols sous la domination autrichienne.

La maison de Bourbon règne, en Espagne, depuis 1701.

CHAPITRE II.

DESCRIPTION PHYSIQUE. — STATISTIQUE.

CONFIGURATION GÉNÉRALE.

L'Espagne est située à l'extrémité sud de l'Europe. Elle est bornée au nord par la France et l'océan Atlantique, à l'ouest par le Portugal, au sud-ouest par l'Océan, au sud par le détroit de Gibraltar, au sud-est et à l'est par la Méditerranée. Il faut y joindre les *îles Baléares* et les *Canaries*.

Elle a 245 lieues dans sa plus grande longueur, 128 lieues en largeur, 25,000 lieues carrées de superficie, 285 lieues de côtes, et 620 lieues de tour.

Elle offre de belles plaines, d'une étendue considérable; mais, en général, elle est coupée par de hautes chaînes de montagnes, qui la sillonnent dans tous les sens, et dont les plus importantes sont, après les *Pyrénées* et les *monts Cantabres*, qui en sont le prolongement, les *monts Ibériques*, la *Sierra Morena*, la *Sierra d'Estrella*, la *Sierra de Guadalupa* et la *Sierra Nevada*.

On distingue quatre versants principaux, présentant des différences assez sensibles dans la nature du sol, dans la température, dans les productions végétales : l'*Ibérique,* vers la Méditerranée, un des plus chauds, admettant toutes les plantes d'Afrique et étant d'une extrême fertilité; le *Lusitanique,* plus étendu que les trois autres, comprenant tout le Portugal et toute la partie centrale de l'Espagne: c'est un vaste plateau, d'un aspect souvent triste et désolé, et que recouvrent de vastes landes sèches et arides, qu'on appelle *Paramas;* la température y est très-variable; le *Bétique,* au midi, analogue à l'*Ibérique;* le *Cantabrique,* qui, des monts de la Biscaye et des Asturies, aboutit au golfe de Gascogne; il est peu étendu, l'air y est humide et tempéré; la terre est fertile dans les vallées.

Une chaîne de montagnes presque inaccessibles, qui la sépare du reste du continent; plus de 600 lieues de côtes faciles et sûres, baignées par deux vastes mers: telle est l'enceinte de l'Espagne, dont la position commerciale, maritime et militaire, est une des plus belles que l'on connaisse.

MONTS PYRÉNÉES.

Les Pyrénées, dont les cimes s'abaissent graduellement vers les deux mers, depuis la *Maladetta,* en Arragon, déterminent, entre l'Espagne et la France, une limite naturelle qui s'étend de l'est à l'ouest, de *Port-Vendre* à *Fontarabie.* Elles sont généralement formées de roches primitives; mais le granit est presque partout recouvert de couches calcaires, compactes ou stratifiées, dont le plan très-incliné sert de preuve aux géologues modernes dans leur théorie de la formation de ces montagnes par soulèvement. Quoiqu'il ne s'y trouve point de volcans, on ne doute point de la présence des feux souterrains, par la fréquence des tremblements de terre, la grande quantité d'eaux minérales que ces monts renferment, et les produits volcaniques qu'ils présentent, surtout en Catalogne. Les crêtes des hauteurs principales se terminent par de longues arêtes nues et dentelées, en forme de *scie*, d'où leur vient le nom de *Sierra*, appliqué indistinctement à toutes les montagnes du pays. A la naissance de la vallée de l'Èbre, le prolongement des Pyrénées, sous le nom de *monts Cantabres*, se divise en deux branches, dont l'une court à l'ouest, vers les Asturies, et l'autre, se repliant au sud-est, longe le fleuve, constitue les *monts Ibériens*, et s'étend au loin, sous le nom de *Sierra Morena*, en couvrant de ses rameaux presque toute la Péninsule.

SOL.

Le sol est, dans certaines parties, de la plus grande fertilité. Il pourrait, à ce qu'on assure, nourrir un nombre double de celui de ses habitants actuels. Dans le royaume de Valence, particulièrement, il suffit de remuer légèrement la terre pour obtenir une végétation vraiment admirable. Il n'en est pas ainsi, il est vrai, dans toute l'étendue du territoire. Des portions considérables sont en friche, soit par la faute des hommes, soit par la nature du sol; elles forment presque un tiers du total de la surface. Ces terrains improductifs sont de vastes couches calcaires, ou des dépôts de cailloux roulés. Les terrains secondaires, mêlés de schistes et de grès rougiers, se trouvent fréquemment en Espagne. Les bassins et les vallées sont, en terrains d'alluvion, de formation marine ou de dépôts lacustres.

CLIMAT.

Le climat est, en général, sec et chaud; il est sujet, toutefois, à des variations fortes et subites. Aux chaleurs d'un été dévorant, succèdent fréquemment des vents froids et desséchants; dans les provinces hérissées de hautes montagnes, la température est très-variable, souvent très-froide, toujours rigoureuse. Sur les côtes, elle est parfois humide, mais douce, suave, enivrante; aussi, c'est là l'Espagne poétique, l'Espagne galante et chevaleresque.

Il y a donc de grandes différences météorologiques entre les diverses parties du territoire.

ROUTES.

Les communications ne peuvent être que difficiles dans un pays aussi accidenté. Les chemins de traverse et les sentiers, qui ne sont parcourus que par des piétons et des mulets, présentent souvent des passages qui paraîtraient impraticables à tous autres que des montagnards. Les Espagnols peuvent être classés parmi les plus hardis et les mieux exercés. Les contrebandiers et les guérillas prouvent tous les jours, à cet égard, ce que peuvent l'audace, l'adresse et l'habitude.

Quant aux grandes routes, on ne saurait trop admirer l'art avec lequel les obstacles de la nature ont été vaincus. Sans cesse le voyageur s'étonne, et dans les plaines, de ces longues chaussées à perte de vue, droites, poudreuses, sans ombrage ni verdure, garnies communément de deux belles rangées de dalles, et, dans les montagnes, de la rectitude des tracés, de la hardiesse de l'exécution, de la sûreté des précautions. Les routes d'Espagne sont des plus belles et des mieux entretenues de toute l'Europe; il est vrai qu'elles sont sujettes à moins de dégradations, étant moins fréquentées, moins exposées aux pluies de nos climats humides, et exemptes de la pression de nos énormes charrettes roulières. Les chemins les plus remarquables sont ceux de la Sierra Morena et des provinces vascongades.

Les ponts en pierre établis sur les grands cours d'eau sont d'une beauté monumentale.

On a souvent dit combien il fallait peu compter sur les auberges en Espagne. Les *ventas* isolées, de même que les *posadas* des villages, n'offrent qu'un misérable gîte, sans provisions, sans vivres, souvent sans carreaux aux fenêtres. L'espèce de monopole qui préside à la vente des denrées de première nécessité, est une des causes de ce dénûment. Les *fondas* des villes offrent un peu plus de ressources; mais, somme toute, qu'on ne s'attende point à trouver dans la Péninsule le *comfortable* que la civilisation européenne a semé sur les grandes routes pour la commodité des voyageurs. Tout, en Espagne, se rattache à cette idée dominante chez le peuple : réduire, autant que possible, la somme de ses besoins, et, pour les satisfaire, savoir se passer des autres.

COURS D'EAU.

La contrée est arrosée par une grande quantité de rivières, ruisseaux et torrents, auxquels donnent naissance les hautes montagnes qui la sillonnent. Plusieurs cours d'eau sont navigables, tels que l'*Èbre*, le *Tage*, le *Guadalquivir*, le *Duero*, le *Miño*, la *Guadiana*; mais il n'y a que les deux ou trois premiers dont le volume d'eau soit assez considérable pour permettre aux bateaux de marcher pendant toute l'année.

Il n'y a que deux canaux navigables, celui du *Manzanarès* et celui d'*Arragon*.

MOYENS DE TRANSPORT.

On ne voyageait, il n'y a pas encore très-long-temps, qu'à cheval ou sur un mulet. Quelques chemins de voiture ayant été pratiqués sous le ministère de M. de *Florida-Blanca*, on commença à se servir de *coches*, grands carrosses traînés par des mules, presque en liberté, que deux hommes conduisent au milieu des précipices, avec une effrayante insouciance. Depuis quelques années, on a établi de très-bonnes diligences sur les routes principales, notamment sur celle de Madrid à Bayonne; la marche de celles-ci se trouve suspendue par les derniers événements.

Ces diligences partent deux fois par semaine de Madrid; elles sont traînées, avec une extrême rapidité, par huit mules chargées de clochettes et de pompons. Deux hommes les dirigent : le *mayoral*, assis sur son siége, tenant les rênes; le *zagal*, souvent à pied, faisant, au pas de course, 6 à 7 lieues d'Espagne; tous deux, avec la veste brune, brodée, dolman des anciens Maures. Cette facilité toute nouvelle, offerte aux voyageurs, est d'une grande importance pour l'Espagne. Cette belle contrée sera plus souvent visitée, plus connue, mieux appréciée. Les artistes, les savants, les gens riches, iront y chercher ses beaux sites, ses antiquités romaines, ses palais arabes, ses monuments gothiques, ses richesses minérales, ses plantes précieuses, etc., tout ce qu'elle possède et qu'on ignore.

Presque tous les transports se font à dos de mulets. On est étonné de la force et de la sobriété de ces animaux qui, avec peu de nourriture, marchent, depuis le matin jusqu'au soir, sans être déchargés plus souvent que de deux jours l'un, et de l'adresse avec laquelle ces fardeaux sont arrangés par les *arrieros*.

Ces convois se présentent en longue file sur les grands chemins, en faisant retentir les montagnes du son obligé de la clochette, qui complète le riche harnachement des mulets. On y rencontre aussi, plus particulièrement dans les provinces du nord, de petites voitures, à deux bœufs, et à roues pleines, frottant sur un essieu de bois, avec un bruit continu et assourdissant.

AGRICULTURE.

L'agriculture, si florissante autrefois [1], est aujourd'hui languissante, peu honorée, et mal entendue généralement. Le système des irrigations est presque partout abandonné, quoique l'arrosage soit facile par la grande quantité de ruisseaux et rivières, et que les Sarrasins aient excellé jadis dans l'art de bien diriger les eaux. Quelques provinces cependant ont suivi leurs traditions et donnent à cette partie une telle importance, qu'elles ont pour cet objet des tribunaux spéciaux. En Catalogne, par exemple, et surtout dans le royaume de Valence, la petite canalisation est très-

---

[1] L'Espagne était une des plus riches provinces de l'empire romain; toutes les terres étaient alors en plein rapport.

belle, et la culture des terres ne laisse rien à désirer.

Plusieurs causes tendent à ôter aux travaux agricoles les bras qui leur seraient si nécessaires; les principales sont : les émigrations, le nombre considérable de mendiants, de vagabonds, de domestiques, d'étudiants, de religieux, d'employés aux administrations, d'oisifs. La grande quantité de fêtes, la difficulté des transports, l'agglomération des grandes propriétés, les substitutions civiles et religieuses, l'étendue des terrains vagues ou de main-morte, le manque d'un bon code rural, la *mesta*, avec le droit de parcours réservé aux troupeaux, tournent encore au préjudice de l'agriculture; elle est aussi contrariée par la disposition atmosphérique, qui rend souvent les récoltes incertaines.

On pourrait utiliser une grande partie du territoire qui reste inculte; mais la population n'est pas assez nombreuse. Nul doute que les habitants du nord, qui émigrent journellement dans le Nouveau-Monde, ne se rendissent en Espagne, attirés par son beau ciel et sa terre si féconde, s'ils étaient sûrs d'y trouver aide et protection. Il faudrait, pour cela, d'autres lois et d'autres mœurs [1].

PRODUIT DU SOL.

Les récoltes en blé sont à peine suffisantes pour les deux tiers de la population; mais les autres céréales,

---

[1] Les Espagnols montraient autrefois le plus grand éloignement pour l'établissement des étrangers dans leur pays; cette répugnance diminue sensiblement.

la facilité des approvisionnements par mer, et la frugalité des habitants ont toujours mis la Péninsule à l'abri des craintes de la disette.

Le pays produit du froment de très-bonne qualité, du seigle, peu d'avoine, beaucoup d'orge, du maïs, du riz, peu de lin, beaucoup de chanvre, des cannes à sucre, de la soude, de la garance, du safran, de la résine, du kermès, de la réglisse, de l'huile, du tabac, des vins renommés, du miel, des fruits en grande abondance dans les provinces maritimes. Les arbres fruitiers les plus communs sont: les mûriers, les oliviers, les orangers, les limoniers, des arbres à liége, des chênes verts, dont on prise beaucoup le gland.

ANIMAUX.

Dans tous les temps, la laine espagnole, dite de *mérinos*, a été très-estimée; elle est longue, fine et douce. Celle de Ségovie est réputée la plus belle.

La majeure partie des troupeaux quitte, pendant l'été, les plaines pour se rendre sur les montagnes; ce qui oblige à laisser en friche, pour leur passage, des espaces de terre considérables. Ce droit de parcours est un antique privilége de la *mesta*, ou société des grands propriétaires de troupeaux de moutons voyageurs, qui a ses coutumes fort anciennes, ses lois particulières, et donne lieu à beaucoup d'abus.

Les troupeaux se rendent dans les montagnes, vers le mois de mai. Dans le mois de septembre, on les enduit, sur le dos et sur les côtes, d'une couche assez épaisse d'ocre rouge; ce qui, dit-on, contribue à donner à la laine sa belle qualité. On dit aussi, peut-être sans autre fondement que le désir de maintenir les priviléges, que sa beauté tient à l'habitude de faire voyager les troupeaux. La tonte ne se fait qu'après l'hiver; c'est une grande solennité champêtre.

On élève peu de bêtes à cornes; mais les mules et mulets y sont en très-grande quantité. Ils sont un objet de commerce important avec la France.

Les chevaux espagnols ont eu de tout temps une grande célébrité. A l'époque des Romains, ils étaient dits les fils du Vent. Les Arabes en perfectionnèrent encore la race. Les plus prisés sont ceux de l'Andalousie. On les nourrit communément avec de la paille d'orge hachée.

Dans quelques provinces, on élève, en assez grande quantité, des vers à soie.

MINÉRALOGIE.

Les richesses minérales de l'Espagne sont immenses. On y trouve les métaux les plus précieux et les plus utiles : l'or, l'argent, le mercure, le fer, le cuivre, le plomb, l'étain, le cobalt, le zinc, l'amiante, l'antimoine, des pierres précieuses, du sel gemme, du soufre, du salpêtre, du jayet, de l'ambre, de la houille, du gypse, des marbres très-variés. L'exploitation des mines, qui pourrait être si avantageuse au pays, attirera sans doute l'attention des capitalistes et des industriels, sitôt que la tranquillité rétablie permettra de s'en occuper. Des tentatives avaient déja été faites avant les derniers événements, sur plusieurs points, et pour des minerais de diverse nature. Beaucoup de mines maintenant abandonnées ont été exploitées dans l'antiquité.

Les eaux minérales abondent, froides ou chaudes,

ferrugineuses, sulfureuses, acidules, mais presque toutes négligées et peu connues.

TARIFS.

La dépense par jour, dans les auberges, est d'environ 5 francs (20 réaux), pour la nourriture et le logement, 8 à 10 réaux par repas, à table d'hôte. Un mulet se paie une piastre par jour, et le conducteur de 12 à 15 réaux par jour; on peut se procurer, pour 2 piastres, de petites voitures à deux roues, traînées par une mule. On paie, par lieue, les chevaux de poste, de 4 à 5 réaux, 2 réaux pour le postillon, et 4 réaux environ pour une voiture de poste.

La valeur des denrées varie nécessairement de province à province, et des villes aux campagnes. Le prix commun de la livre de pain est de 3 à 4 sols; celui de la livre de viande de 6 à 8.

MESURES.

Il y a peu d'uniformité entre les diverses provinces, pour les mesures. Voici celles qui sont le plus généralement adoptées :

La lieue commune est de 17 1/2 au degré, 7,572 vares castillanes.

La lieue légale est de 26 1/2 au degré, 5,000 vares.

La vare est de 4 pieds environ.

Le pied de 12 pouces.

La livre première de 12 onces. La grande livre est de 16 onces.

L'arrobe se compose de 25 grandes livres. 3 arrobes 1/2 valent 1 quintal.

Le cantaro est de 16 pintes.

La quartillo contient une chopine.

La fanègue, mesure agraire, est l'étendue de terre que peut ensemencer une fanègue de blé, environ 6,000 vares carrées.

La fanègue, mesure de capacité, contient 125 livres de blé.

MONNAIES.

L'once d'or vaut 320 réaux. 80 livres.
La demi-once..... 160......40
Le doublon...... 80.......20
La piastre........ 20....... 5
La piécette........ 4...... 1
Le double réal.... 2...... 0, 10 sous.
Le réal.......... 1...... 0, 5
Le quarto........ 1/8 de r.. 0, 0 — 10 den.
Le maravédi...... 1/32 de r.. 0, 0 — 2 den.1/2
Le ducat........ 11

POPULATION.

La population de l'Espagne, considérable sous les *Romains*, diminua beaucoup sous les *Goths*, et reprit ensuite un tel accroissement, qu'on porta jusqu'à 20 millions le nombre de ses habitants sous Ferdinand et Isabelle; nombre exagéré peut-être : toutefois, les ruines qu'on trouve en grande quantité, disséminées sur la surface du sol, prouvent qu'il a été plus peuplé qu'il ne l'est aujourd'hui. Quelques auteurs n'ont pas craint d'élever le chiffre de son ancienne population jusqu'à 50 et 60 millions[1]. Il ne dépassait pas 8 millions à

---

[1] En comprenant toutes les possessions espagnoles dans les quatre parties du monde.

l'avénement de Philippe V au trône. Aujourd'hui on l'évalue à 13 millions 698 mille habitants. Les guerres civiles, l'expulsion des Juifs et des Maures, plusieurs pestes, les possessions éloignées en Asie, en Afrique, en Amérique surtout, nuisirent constamment au développement de la population. A ces causes, dont l'action fut limitée à de certaines époques, il faut joindre celles permanentes, telles que les émigrations dans quelques provinces, le nombre excessif des ordres religieux, la vie aventureuse d'une foule de mendiants et de vagabonds, l'état si souvent précaire de l'industrie et du commerce.

INDUSTRIE.

Du temps des Maures, l'Espagne était pour les arts utiles le premier centre d'activité en Europe. Les Sarrasins excellaient dans la fabrication des toiles, des laines, des soieries; dans la confection des armes et des étoffes brochées. Cet état florissant ne put se soutenir; les Maures, ainsi que les Juifs, en quittant le pays, emportèrent avec eux leurs richesses et leur aptitude aux affaires industrielles et commerciales. Après une longue période de décadence et d'anéantissement, ce n'est que depuis bien peu d'années qu'une vie nouvelle semble ranimer quelques branches de l'industrie nationale, et qu'on voit s'éteindre peu à peu le préjugé qui faisait mépriser les arts mécaniques, peut-être par une tradition de haine contre les Arabes, qui seuls les exerçaient jadis. Déjà dans le siècle dernier, le gouvernement et la nation avaient fait de communs et louables efforts en faveur du progrès des arts, par l'établissement de plusieurs sociétés patriotiques. Dans ces derniers temps, on a vu s'élever sur plusieurs points des usines et des fabriques, par les soins d'anciens officiers français que les dernières guerres avaient mis à même de voir tout ce qui manquait, sous les rapports industriels, à cette belle contrée. Ils ont trouvé enfin, parmi les habitants, quelques imitateurs.

Lainage, draperie, étoffes de soie, étoffes brochées, linge damassé, toile, bonneterie, toiles de coton, indiennes, corroieries, papier, porcelaine, eau-de-vie, bière, quincaillerie, forges, verreries, savon, chapeaux, agrès de navire, armes et munitions de guerre, tabac, cire, potasse, marqueterie, sparterie, sucre, etc. : tels sont les produits ordinaires des usines et fabriques espagnoles, auxquelles le monopole, les corporations, les lois somptuaires, et le préjugé national ont toujours porté de si funestes atteintes [1].

COMMERCE.

Ainsi que l'industrie, le commerce a eu ses phases brillantes et malheureuses. Après l'expulsion des Juifs et des Maures, il tomba et ne se releva que dans le dix-huitième siècle; alors se formèrent diverses compagnies, entre autres celle de *Caracas* à Saint-Sébastien, celle des *Philippines* à Cadix, qui lui donnèrent une impulsion favorable, mais ne parvinrent point à lui rendre son ancienne splendeur.

Le commerce intérieur a peu d'importance; c'est en Biscaye où il a le plus d'activité. Il ne porte que sur des objets de consommation journalière.

---

[1]. L'or de l'Amérique fut aussi une des causes principales de la ruine de l'industrie.

Les vins, la laine et le fer ont toujours fait la base principale du commerce d'exportation. Il faut y joindre le mercure, l'eau-de-vie, l'huile, la soude, le tabac, le riz, la résine, les châtaignes, la réglisse. Les vins de Xerès, de Malaga, de Rota, d'Alicante, sont les plus recherchés.

Tous les ports, excepté ceux de la Biscaye, jouissaient du commerce libre avec l'Amérique, depuis Charles III, et ont, à quelques époques, présenté un mouvement commercial très-animé ; cependant Cadix avait toujours conservé son ancienne supériorité, quoique depuis quelques années il eût perdu sa franchise.

On importe des toiles, des dentelles, des soieries, de la mercerie, quincaillerie, draperie, bonneterie, bijouterie, des modes, beaucoup de morues, etc. Il faut ajouter les matières d'or et d'argent provenant des colonies, et qui faisaient jadis un objet si important, mais dont on doit à peine tenir compte à présent.

Au résumé, pour tous les articles de commerce, l'importation est bien plus considérable que l'exportation ; les droits d'entrée et de sortie étaient, il y a encore peu d'années, tellement élevés, qu'en paralysant l'industrie, ils donnaient lieu aux plus grands abus ; la contrebande avait pris une extension que n'avait peut-être jamais offerte aucun autre pays de l'Europe ; quoique bien diminué, le mal subsiste encore.

(*Voir à la fin de l'ouvrage le Relevé général de statistique.*)

CHAPITRE III.

ORGANISATION POLITIQUE, CIVILE ET RELIGIEUSE.

DIVISION POLITIQUE, ADMINISTRATIVE ET RELIGIEUSE.

L'Espagne était divisée en quinze grandes provinces, qui ont conservé jusqu'à ce jour les dénominations suivantes :

Principauté de Catalogne.

Royaumes de Léon, de Murcie, de Valence, de Navarre, d'Arragon.

Principauté des Asturies.

La Galice, la Vieille et la Nouvelle-Castille, l'Estramadure, l'Andalousie, la Manche.

Les provinces vascongades ou basques.

Les îles Baléares et les Canaries.

Les provinces sont gouvernées, les unes, par des capitaines-généraux, les autres par des vice-rois, réunissant l'autorité militaire et administrative à la haute surveillance du pouvoir judiciaire.

En 1833, il fut fait une division du territoire espagnol en quarante-neuf provinces, prenant chacune le nom de leur capitale respective, savoir :

Huit dans l'Andalousie : Cordoue, Jaen, Grenade, Almeria, Séville, Malaga, Cadix, Huelva.

Trois dans l'Arragon : Sarragosse, Huesca, Téruel.

Une dans les Asturies : Oviédo.

Cinq dans la Nouvelle-Castille : Madrid, Tolède, Ciudad-Réal, Cuença, Guadalagara.

Huit dans la Vieille-Castille : Burgos, Valladolid, Palemia, Avila, Ségovie, Soria, Logroño, Santander.

Quatre en Catalogne : Barcelone, Tarragone, Lerida, Gironne.

Deux en Estramadure : Badajoz, Cacerès.

Quatre en Galice : la Corogne, Vigo, Orenze, Pontevedra.

Trois en Léon : Salamanque, Léon, Zamora.

Deux en Murcie : Murcie, Albacete.

Trois en Valence : Valence, Alicante, Castellon de la Plana.

Une en Navarre : Pampelune.

Trois dans les provinces vascongades : Vittoria, Bilbao, Saint-Sébastien.

Palma pour les îles Baléares, Santa-Cruz pour les Canaries.

On s'occupe encore actuellement à régulariser une nouvelle division territoriale; organisation qui éprouve de grandes difficultés, et qui demande une sérieuse attention pour ne pas froisser les habitudes et les mœurs.

Les subdivisions administratives sont établies par districts (*distritos*), par arrondissements ou cantons (*partidos*), et par communes (*pueblos*).

Quant aux divisions religieuses, elles consistent en

huit archevêchés, quarante-quatre évêchés suffragants, et un nombre considérable de cures ou paroisses. La première dignité de l'église est occupée par l'archevêque de Tolède, primat d'Espagne. Le patriarche des Indes exerce les fonctions d'aumônier-général de l'armée. Saint Jacques est le patron de l'Espagne.

GOUVERNEMENT.

Dans les premiers siècles, les Espagnols étaient régis par des gouvernements tempérés et monarchiques, dans lesquels les *juntes*, ou assemblées nationales, jouaient un grand rôle. A leur avénement au trône, les rois de Castille juraient devant elles le maintien des lois et coutumes; aux souverains, appartenait le pouvoir exécutif; aux assemblées, le pouvoir législatif, de concert avec l'autorité royale.

Pendant un long espace de temps, la souveraineté fut autant élective qu'héréditaire, ou transmissible par alliance; l'époque où chaque état adopta des principes fixes d'hérédité est difficile à établir. En vertu d'une loi dont l'origine se perd dans l'antiquité, les femmes étaient appelées au trône, suivant le degré de proximité du sang; cette coutume est la *pragmatique-sanction*, qui se nommait aussi *loi castillane* ou *cognatique*. En 1713, Philippe V y substitua l'hérédité constante des mâles, à l'exclusion des femmes; sauf le cas de l'absence totale des mâles, dans la maison régnante, introduisant ainsi en Espagne notre *loi salique*, à quelques différences près; cette loi, dite aussi *agnatique*, reçut la sanction des cortès du royaume, convoquées extraordinairement à cet effet. Elle a été en vigueur, sans aucune opposition, pendant environ cent vingt ans, le cas d'y apporter du changement ne s'étant pas, il est vrai, présenté. C'est en faisant revivre la pragmatique-sanction que Ferdinand VII a désigné avant de mourir, pour lui succéder, sa fille actuellement sur le trône.

De monarchie limitée dans l'origine, le gouvernement était devenu absolu; et dans les derniers temps toute l'autorité était entre les mains du roi et des ministres, aidés de différents conseils, dont les plus puissants étaient, pour la Péninsule, celui de Castille, remplissant tout à la fois les hautes fonctions de tribunal souverain et de conseil d'administration, et pour les colonies, le conseil suprême des Indes. Les provinces du nord seules, surent conserver leur indépendance, et maintenir leurs anciens priviléges.

Les affaires de l'état étaient réparties entre cinq ministères, celui des affaires étrangères avec la présidence, ceux de grace et justice, de la guerre, des finances et de la marine, avec un conseil administratif attaché à chacun d'eux. Les plus anciens des membres du conseil de Castille, qu'on appelait *tuteurs* de la monarchie, formaient la *camara*, tribunal souverain pour certaines causes, et conseil intime du roi. C'était par elle qu'étaient expédiées toutes les graces.

Aujourd'hui, il y a six ministères, depuis qu'on a créé celui de l'intérieur, et la *camara* est remplacée par un conseil royal d'Espagne et des Indes, divisé en six sections ou commissions, attachées chacune à un ministère.

La forme du gouvernement actuel est celle représentative, mais avec le défaut d'ensemble et de précision que doivent nécessairement lui donner son peu d'ancienneté, les coutumes nationales et l'esprit de la population, dont on a voulu, autant que possible, conserver et rapprocher les traditions. La charte appelée *statut royal*, laisse encore des lacunes importantes à remplir; elle avait pour antécédents les principes décrétés par les cortès en 1812, et adoptés par le roi en 1820; mais on a dû s'écarter sur plusieurs points de cette constitution, faite dans le même esprit que la constitution française de 1791, et dont les bases principales étaient celles-ci :

La souveraineté du peuple; l'initiative attribuée à une chambre unique avec des pouvoirs supérieurs à ceux du monarque, qui, réduit à un simple *veto* suspensif, et sans moyens de résistance contre la volonté persévérante des cortès, n'avait qu'une faible part à l'action gouvernementale, puisque tout ce qu'on lui demandait était une formule exécutoire, dont le refus était à peine un concours; l'inviolabilité du roi, l'hérédité de la monarchie, et la succession au trône dans l'ordre régulier de primogéniture, sans égard au sexe; le choix des régences attribué aux cortès, la responsabilité des ministres, la liberté de la presse et la liberté individuelle, la religion catholique exclusivement reconnue et adoptée, l'égalité des charges et des impôts, la conservation de la noblesse, l'indivisibilité du royaume, la justice au civil et au criminel exercée par les tribunaux réguliers, la nomination par le peuple aux emplois municipaux, le gouvernement des provinces partagé entre un chef nommé par le roi et une députation provinciale permanente, l'obligation du service militaire et l'organisation des milices nationales, l'établissement des impôts directs, une tendance générale à diminuer l'influence de l'église, la suppression des droits seigneuriaux, mais en conservant les redevances territoriales qui n'avaient pas une origine féodale, l'uniformité d'enseignement, le droit de pétition, les élections à trois degrés, la faculté pour les cortès de réviser la constitution au bout de huit ans, etc.

Aujourd'hui, au souverain chef suprême appartient le pouvoir exécutif; la puissance législative est exercée par le roi et ses ministres, par les *proceres*, représentant notre chambre des pairs, et par les *procuradores* ou députés.

Cette pondération des pouvoirs est encore peu comprise par la généralité des Espagnols, qui ne voient en fait de gouvernement que le pouvoir absolu, *el rey neto*, ou le pouvoir populaire, *la constitucion*, exercé par des assemblées nationales, mais toujours avec un chef royal, qui se retrouve dans toutes les combinaisons politiques des Espagnols, même dans les systèmes les plus démocratiques. Aux absolutistes appartient la plus grande partie du clergé, entraînant, par son influence toute puissante dans les campagnes, la majorité numérique de la nation. Dans les rangs des constitutionnels sont quelques grands dignitaires de la noblesse et du clergé, les commerçants, les industriels, et la classe moyenne, qui commence à se former.

ASSEMBLÉES NATIONALES.

Les assemblées générales, où, de temps immémorial, se réglaient toutes les affaires de la nation, sous la dénomination de *conciles* ou *juntes*, et ensuite de *cortès, por estamentos*, par *ordres*, étaient composées des gouverneurs de province, des grands dignitaires de la cour et du clergé, et des députés que, pendant plusieurs siècles, depuis l'an 1160, les villes principales, au nombre de trente-sept, eurent le droit d'y envoyer. Ces assemblées réunies chaque année, s'occupaient de l'assiette de l'impôt, de la révision des comptes, du maintien des lois, de la réforme des abus. On les entendit souvent élever une voix courageuse et indépendante; mais, dans le seizième siècle, cette antique institution, assez semblable à celle des États-Généraux, fut faussée, méconnue et bientôt anéantie; elle reparut en 1812, 1820 et 1833, mais avec des formes et des attributions plus ou moins nouvelles, dues aux circonstances et à la marche des idées.

Les *procuradores*, mandataires du peuple, doivent être au nombre de 188, et sont nommés ainsi qu'il suit:

Chaque arrondissement, *partido*, forme une *junte* électorale composée des *ayuntamientos*, et des plus fort imposés en nombre égal. Cette junte nomme, au scrutin secret, deux électeurs, pris dans son sein, pour une population de trente mille ames, et ensuite un électeur de plus par chaque vingt mille habitants.

Pour être électeur, il faut être Espagnol de naissance, avoir résidé depuis un an dans l'arrondissement, être âgé de vingt-cinq ans, être propriétaire d'un revenu foncier de 1,500 francs (6,000 réaux), ou payer, comme commerçant, une contribution fixe de 50 à 100 francs, suivant les localités, ou bien une location annuelle de 1,500 francs; les employés au traitement de 1,500 francs sont aussi électeurs, ainsi que les avocats, les régents, les docteurs.

Ces électeurs réunis choisissent entre eux les *procuradores aux cortès*, sous la présidence du gouverneur civil, et par votation publique, à la pluralité des voix.

Pour être *procurador*, il faut être âgé de trente ans, jouir d'un revenu de 3,000 francs, 12,000 réaux, et avoir une résidence de deux ans, à moins que l'on ne soit né dans la province.

On a arrêté que dans les provinces basques et la Navarre, il suffirait, pour composer la junte électorale, à cause des circonstances extraordinaires, de deux membres de *l'ayuntamiento*, avec le syndic de la ville, réunis aux juntes provinciales.

Les *proceres*, pouvoir modérateur entre le roi et le peuple, en nombre illimité, peuvent être pris au choix de la couronne, dans toutes les classes, à de certaines conditions. Les *grands* d'Espagne sont de droit *proceres et héréditaires*, pourvu qu'ils prouvent un revenu de 50,000 francs; tous les autres ne sont qu'*à vie*.

ADMINISTRATION PROVINCIALE ET MUNICIPALE.

Le système féodal fut en Espagne à peu près ce qu'il a été dans le reste de l'Europe. Les évêques, les ducs, les comtes, les barons, exerçaient, dans leurs terres et sur leurs vassaux soumis à la glèbe, un pouvoir indépendant et sans contrôle. Mais dès la fin du onzième siècle, cette autorité fut considérablement restreinte : la puissance royale, d'un côté, parvint à dominer celle des grands; de l'autre, l'influence du peuple fut reconnue et régularisée. Les communes, dont l'institution remonte à cette époque, eurent de suite de grands priviléges, à la charge de concourir à la défense et à l'entretien du territoire commun. Par leurs chartes primitives, ou *fueros*, elles avaient le droit d'élire leurs magistrats et officiers municipaux, de répartir elles-mêmes, par les soins des *buenos-hombres*, les sommes qu'elles donnaient à l'état; elles devaient, en retour, se soumettre aux lois générales du pays, payer certaines contributions et surtout fournir au service militaire. Parmi les habitants, les plus riches étaient tenus au service à cheval, ce qui établit, dès lors, la classe des *caballeros*, ou *donzels*, jouissant de l'exemption des impôts et, par suite, de titres héréditaires.

D'une féodalité à peu près commune à toute l'Europe, comment est-il résulté, en Espagne, une organisation sociale si différente de celle des autres nations? Comment l'aristocratie, si puissante ailleurs, s'est-elle presque entièrement effacée pour laisser dominer le clergé et le pouvoir royal uni au peuple? Ce sont là d'intéressantes questions que le cadre de cet ouvrage ne permet pas même d'aborder.

Il y a peu d'uniformité entre les diverses provinces, quant à la gestion des affaires publiques; et la centralisation n'a point encore étendu sur elles son niveau. Madrid est bien la capitale du royaume, le centre des administrations, mais ce n'est point la pierre angulaire de l'édifice social; les provinces ont encore leur action indépendante, leur non-vouloir, ce que la nouvelle organisation du ministre Burgos tend à détruire, en cherchant à centraliser l'action administrative.

Les communes sont régies par des municipalités, *ayuntamientos*, dont les membres étaient, pour la plupart, élus primitivement par les bourgeois; mais, dans quelques localités, les fonctions sont devenues héréditaires par un usage que l'on s'efforce, depuis long-temps, de changer.

La police des villes et des campagnes est confiée à des *corrégidors* ou *alcaldes royaux* et à de simples *alcaldes*. Les premiers sont nommés par le roi, et furent créés, dans le treizième siècle, par Alphonse XI; ils correspondaient directement avec le conseil de Castille; maintenant ils dépendent du ministère de la justice. Les *alcaldes* choisis par les habitants ou les corps municipaux, veillent, sous la direction des *corrégidors*, au maintien du bon ordre dans toutes les localités, grandes ou petites. Dans les villes, les agents inférieurs de la police sont les *alguazils*.

On distingue deux classes de corrégidors : ceux de *capa y espada* ne remplissent que des fonctions civiles ; les *corrégidors lettrés* réunissent les fonctions civiles et judiciaires.

Tout ceci doit être changé par les nouveaux plans de M. *Burgos*.

JUSTICE.

Les lois visigothes ont long-temps régi l'Espagne, concurremment avec le droit romain, mais modifiées ensuite par les coutumes des Sarrazins. Les premières lois écrites des Goths datent de 470 environ, du temps d'un roi *Evaric*, résidant à Bordeaux. Le code actuel, ou *fuéro réal*, a eu deux rédactions différentes, appelées, l'une *novissima recopilacion*, l'autre *las partidas*. C'était le *fuéro juzgo*, du latin *forum judicum*.

La justice admet trois degrés de juridiction : les

tribunaux de première instance, les cours d'appel ou tribunaux supérieurs, appelés *audiences royales* ou *chancelleries*, et un tribunal suprême, à Madrid, qui remplace, dans ses attributions judiciaires, l'ancien conseil de Castille.

Dans les tribunaux de première instance, jusqu'à présent, il ne siége qu'un juge, et l'on cherche actuellement à y introduire trois personnes, comme en France.

Ce sont, dans quelques localités, les *alcades* qui jugent, en première instance, au civil et au criminel, faisant fonctions de juges de paix. Si ces alcades ne sont pas *lettrés*, ils sont tenus de s'adjoindre un conseil responsable.

La haute magistrature est en grande considération, et le mérite, en effet, sous tous les rapports; il serait à désirer qu'on pût en dire autant de tous les tribunaux subalternes. La marche de la justice est si lente, si compliquée, si peu uniforme, que les affaires sont interminables; trop souvent elles sont distraites de leurs juges naturels par des tribunaux d'exception; chaque classe, chaque corporation, chaque ordre, a son *fuéro* particulier, qui entrave le cours de la justice commune. On compte jusqu'à soixante-douze *fuéros* différents. On conçoit que le nombre des juges et des avocats soit considérable.

On appelle *précidios*, les prisons qui sont sur la côte d'Afrique, et qui étaient jadis des forts contre les pirates.

SUBSTITUTIONS ET MAJORATS.

De tout temps, on s'est récrié contre l'abus des *mayorasgos*, majorats, si multipliés en Espagne. Il y en a de plusieurs espèces; les uns, d'*agnation rigoureuse*, qui appellent à perpétuité les aînés mâles en ligne directe; les autres, qui admettent les femmes et les cadets, sous de certaines conditions, comme de payer un *veuvage* ou un *douaire* aux veufs ou veuves dépossédés. Ces usages, venus des grandes familles, dans le but de perpétuer leur nom et leur splendeur, avaient passé successivement jusqu'aux classes inférieures, de sorte que les biens du clergé et des communes étant déja soumis à une substitution perpétuelle, on peut évaluer aux quatre cinquièmes l'immense portion du territoire qui se trouve inaliénable; organisation funeste à la prospérité de l'agriculture. En 1812 et en 1820, on chercha à y porter remède; déja, sous Charles IV, en 1789, il avait été décrété qu'on ne pourrait plus fonder de majorats ni faire de substitutions sur des biens-fonds, mais seulement sur des rentes, cens ou revenus civils. Cette défense a été éludée, au moyen d'un droit, au profit de l'état, de quinze pour cent pour les majorats comme pour toute espèce de substitutions. Il avait aussi été décidé que le maximum des majorats serait de 80 mille ducats de rente pour les grands d'Espagne, de 40 mille pour les titrés, et de 20 mille pour les particuliers; qu'ils ne pourraient pas être moindres de 6 mille ducats; que les églises ou couvents ne pourraient acquérir de biens territoriaux ni par donation, ni par testament, etc. Dernièrement, il a été proposé aux cortès d'autoriser la vente de tous les majorats dont les revenus ne dépasseraient pas 300 ducats, 825 fr., en laissant la liberté de faire les substitutions sur des rentes.

NOBLESSE.

La noblesse espagnole, dont l'origine, comme on l'observe chez tous les peuples, se perd dans la nuit des temps, semble remonter à l'époque des Visigoths. Les nobles échappèrent à la domination des Maures en se réfugiant dans les montagnes des Asturies, où, sous la conduite de Pélage, ils transportèrent leurs institutions, leurs coutumes et les emblèmes révérés de leur culte. Après une résistance opiniâtre et glorieuse, plusieurs d'entre eux cédèrent aux charmes de la civilisation introduite par les infidèles, et se rapprochèrent des Arabes; mais, au jour de la délivrance, tous se rattachèrent à la monarchie et à la religion de leurs pères. L'institution de la noblesse ne fut point la même dans les diverses parties du territoire, et le nombre des classes varia, ainsi que les prérogatives et les titres. On distinguait, suivant les lieux, les *ricos-hombres*, les *caballeros*, les *infanzones*, les *hydalgos*, les *escuderos*.

Aujourd'hui on ne reconnaît plus que les *grands* d'Espagne, les *titrés* de Castille et les *hydalgos*. Les premiers, indistinctement, barons, comtes, marquis ou ducs; les seconds, portant les mêmes titres, excepté celui de duc; les troisièmes, comprenant la classe si nombreuse des *nobles* ou notabilités non titrées du royaume.

La noblesse, qui ne dépend point des emplois, s'acquiert par la concession du monarque et en payant un droit fixé ordinairement à une dizaine de mille francs. Les titres sont héréditaires, passant de préférence aux enfants mâles, ensuite aux filles, qui les transmettent à leurs époux. Les *titrés* sont appelés *seigneurie*, qualification tellement prodiguée, qu'elle a maintenant peu d'importance, de même que le *don*, que, dans certaines provinces, on donne à tout le monde. Il n'y a réellement de priviléges que pour la *grandesse*, divisée en trois classes, ayant le pas sur tous les autres, avec le titre d'*excellence*. Les *grands* reçoivent du roi la qualification de *cousins* et ont seuls la prérogative de se couvrir devant lui. Leurs femmes s'asseoient sur un carreau, chez la reine. Ils ont bien perdu de leur ancienne puissance. Quelques familles ont conservé des fortunes considérables ; mais, ne résidant jamais dans leurs terres, elles n'ont, sur les classes inférieures, qu'une très-faible prépondérance.

Cette influence est entièrement nulle pour les nobles ordinaires, qui n'ont jamais joui de toutes les prérogatives attachées à notre ancienne féodalité, et qui sont en si grand nombre, qu'il y a certaine province où la population tout entière pourrait, au besoin, montrer les vieux titres qui constatent sa noble origine. Une faveur tellement partagée a dû perdre de son prix ; un écusson, qui blasonne la porte de l'hidalgo, est à peu près aujourd'hui tout ce qui le distingue des autres habitants. C'est bien plutôt à l'emploi qu'est réservée l'influence.

On évaluait, il y a quelques années, le nombre des nobles au dixième de la population ; mais il faut observer qu'ils ne sont pas également répartis entre les diverses provinces. Dans la Navarre, la Biscaye et les Asturies, ils sont comptés pour deux tiers au moins de la population.

La richesse de la noblesse est, pour ainsi dire, fictive, par sa mauvaise administration et l'espèce de tutelle où sont placés ses biens sous les hommes d'affaires, les seuls réellement riches, tandis que les propriétaires sont dans un état de gêne continuelle. Plus d'un *grand*, avec ses immenses propriétés, est réduit à la somme fixe et minime que son intendant lui remet chaque matin, pour sa dépense de la journée.

La plus grande fortune du royaume est celle du duc de *Medina Cœli*, que l'on dit riche de 3 millions et demi de revenus. Le jeune duc d'*Ossuna* rivalisera bientôt avec lui, par l'accumulation des majorats. Il y a encore quelques autres familles très-opulentes.

C'est par le *baise-main*, aux jours de *gala*, que les nobles et tous les grands de la cour font preuve de soumission et acte de foi et hommage envers tous les membres de la famille royale. On parle d'abandonner cet usage comme tenant à des idées surannées de servilité.

Le roi tutoie tous ses sujets, excepté tout ce qui appartient à l'église, pour laquelle la cour est la première à donner l'exemple de la vénération.

ORDRES ROYAUX.

On compte, en Espagne, sept ordres royaux : celui de la *Toison d'or*, venu des ducs de Bourgogne, très-illustre et difficile à obtenir ; ceux de *Calatrava*, de *Saint-Jacques*, d'*Alcantara*, de *Monteza*, tous quatre militaires et très-anciens ; celui de *Charles III*, et enfin celui, tout moderne, de *Saint-Ferdinand*. Il faut y joindre l'ordre de *Marie-Louise*, pour les femmes.

Aux ordres militaires avaient été attachés des commanderies d'où sont sortis nombre de preux chevaliers, qui ont joui, dans tout le moyen âge, d'une grande illustration et qui ont rendu d'éminents services à la chrétienté.

Avant la réunion des divers états en un seul, on comptait, en Espagne, onze ordres militaires, qui n'existent plus depuis long-temps. Ils avaient eu pour premier but la destruction des Maures.

ÉTAT MILITAIRE.

L'histoire assigne à l'Espagne une belle part de gloire militaire. De brillantes expéditions lointaines, une noble résistance aux attaques de l'étranger, remplissent honorablement les fastes du pays. Parmi les noms que les combats ont rendus célèbres, on cite, entre autres, ceux de Pélage, du Cid, Gonzalve de Cordoue, Cortèz, don Juan d'Autriche, le duc d'Albe, etc.; malheureusement aussi cette gloire se perdit maintes fois dans des guerres intestines, longues et sanglantes. A l'époque d'une société toute guerrière, les limites incertaines de tant de petits états, de tant de royaumes séparés, furent trop souvent rougies d'un sang généreux, mais versé inutilement. La civilisation apporta quelques trèves à ces discordes funestes; une partie de la population se détacha de la vie des camps, et, pour la défense du territoire commun, une armée permanente fut organisée. Elle se composa successivement d'une maison militaire du roi, de gardes du corps, de gardes wallones, de hallebardiers, de carabiniers, de divers régiments d'infanterie et de cavalerie, de quelques troupes étrangères, notamment des Suisses, de milices de ville ou de province, d'un corps d'invalides actifs ou non, d'officiers distingués pour le génie et l'artillerie. L'armée formait communément un total de 120 à 130 mille hommes. Les cadets concouraient, avec les sergents, pour les places d'officiers, dans la proportion des deux tiers. Pour être nommé cadet, il fallait être noble.

Aujourd'hui les Espagnols ont encore toutes les vertus du soldat, la bravoure, la patience, la résignation; mais ils n'ont plus, pour la vie militaire, le même goût qu'autrefois. Les officiers surtout se dégoûtent promptement de la vie régulière des camps.

La force de l'armée actuelle est d'à peu près 70 mille hommes, répartis en trois corps principaux : un qui s'étend de Cadix à Barcelone; le second réparti dans les deux Castilles et l'Arragon; le troisième dans les provinces insurgées. L'infanterie est en général bien organisée et d'une très-belle tenue. La cavalerie laisse plus à désirer; la grosse cavalerie surtout a beaucoup de peine à se monter; le génie et l'artillerie se font toujours remarquer par leur bonne organisation.

L'ancienne milice vient d'être reconstituée ; elle se divise en milice urbaine et provinciale, active et sédentaire. On compte 30 mille hommes de milice provinciale, dont la plupart sont parfaitement équipés et manœuvrent comme les plus beaux régiments de la ligne. L'effectif actuel de la milice active est d'environ 126 mille hommes d'infanterie et 13 mille de cavalerie bien organisés; il en existe au moins autant qui ne sont pas encore armés.

La cocarde nationale est rouge. Les officiers-généraux portent une ceinture rouge et l'habit brodé; les autres officiers ont des épaulettes suivant leur grade. Les cadets sont habillés comme les soldats. Le grade le plus élevé est celui de capitaine-général; il équivaut à celui de maréchal de France.

MARINE.

La marine espagnole occupe aussi dans l'histoire une place importante. Les noms des *Colomb*, des *Magellan* suffisent pour assurer à jamais sa gloire; mais, de nos jours, elle est bien déchue de son ancienne puissance. De ces riches colonies, dont l'Espagne était si fière, dont elle a tiré de si grands trésors, au prix de tant d'efforts, de tant de sang répandu, il ne lui reste à présent que *Porto-Rico*, *Cuba*, *les Philippines* et *les Canaries*. Les flots de l'Océan ne portent plus ces fameux galions chargés de l'or du Nouveau-Monde, richesses tant enviées, et qu'il eût mieux valu peut-être laisser enfouies dans les entrailles de la terre pour la prospérité de la mère-patrie.

Les troupes de mer ont à leur tête des capitaines-généraux, comme sur terre. Les officiers sortent presque tous du corps des *gardes-marine*, composé de cadets.

L'Espagne, par sa position géographique et commerciale, devrait être au premier rang, parmi les puissances maritimes. Le gouvernement actuel, convaincu de cette vérité et averti par les derniers événements de la nécessité de garder soigneusement les côtes, s'occupe activement, en ce moment, à relever la marine de l'anéantissement complet où elle est tombée.

FINANCES.

Avec un sol d'une fertilité extrême, des richesses minérales immenses, une population peu nombreuse et dont la sobriété est vraiment étonnante, l'Espagne est presque l'état le plus pauvre de toute l'Europe, par une mauvaise administration et la fausse direction donnée aux produits territoriaux.

Les revenus du clergé sont au moins égaux à ceux du trésor public. La *dîme* et les *prémices* enlèvent une grande partie de l'impôt foncier à l'État, qui, de son côté, perçoit, depuis 1823, un droit fixe de six pour cent sur les biens ruraux, et de huit pour cent sur les biens de ville; taxe que les propriétaires trouvent bien forte. Quelques localités font avec le trésor une espèce d'abonnement, *encabeçamiento*, pour tous les impôts, ce qui ne les dispense pas, toutefois, du droit général de *paja y utensilios* (pour l'exemption des logements militaires), celui de tous dont la rentrée est la plus facile, et qui fut affecté aux créances françaises par le traité du 30 décembre 1828. Les communes perçoivent, en outre, des droits locaux pour leur entretien particulier.

Les rentrées du trésor sont ainsi composées:

Les rentes générales et provinciales, comprenant les impôts sur les terres, sur les pâturages, sur les mines, sur les maisons; les produits de la loterie, des postes, des douanes, de l'enregistrement, des patentes, des bulles, du papier timbré; les droits sur le sel, le tabac, sur les voitures et les domestiques, la poudre et le plomb, les grains, les bestiaux; enfin, sur tous les produits de l'agriculture et de l'industrie, sur tous les objets de consommation journalière. Ces derniers, fixés à environ cinq pour cent pour toutes les productions du pays, et à quinze pour celles venant de l'étranger, sont perçus maintenant dans les villes au moyen des octrois.

Les droits sur les majorats et sur les biens substitués; les premiers, connus sous le nom de *lanzas*, consistent en une somme de 9 r. par jour pour les titrés de Castille, et d'environ 9 fr. pour les *grands*, ce qui exemptait jadis du service militaire : l'exemption n'a plus lieu, et les droits sont exigés pour chacun des titres réunis sur une même tête. Les *substitutions* paient la *media-annata*.

Les droits de chancellerie ou du sceau, établis sur les lettres de noblesse, sur les titres, les décorations, les dispenses de mineurs, les charges et offices, enfin sur toutes les graces; ce qu'on appelle tarif de *gracias al çacar*, qui consiste dans la *media-annata*, ou moitié des honoraires de la première année.

Les impôts sur le clergé, provenant d'un prélèvement sur tous les bénéfices, sur toutes les pensions, et comprenant le subside, ainsi que le don gratuit imposé régulièrement.

Quelques impôts particuliers à certaines provinces, comme celles de la Navarre et de la Biscaye.

Enfin, des impôts spéciaux, temporaires ou isolés, dont le nombre est assez considérable.

Ces diverses branches de revenus réunis présentent le résultat approximatif suivant :

Rentes générales..................	105,000,000 fr.
Rentes provinciales...............	25,000,000
Droits divers.....................	10,188,000
Impôts du clergé..................	5,500,000
Service de Navarre................	1,125,000
Don volontaire des provinces basques.	850,000
Mines d'Almacen et autres.........	2,837,000
Total.......	150,500,000 fr.
En réaux de vellon....	602,000,000

Les revenus des colonies, qu'on peut évaluer à 15 millions de fr., sont compris dans les rentes générales.

Il est difficile, comme on le pense bien, de présenter ici des chiffres exacts. Les revenus ne s'élevaient pas, avant 1828, à beaucoup plus de 360 millions de réaux. Les cinq années suivantes donnent un terme moyen de 480 millions de réaux environ, sans compter le produit de la dotation de la caisse d'amortissement, évalué à 80 millions de réaux.

A côté de ces recettes croissantes, à la vérité, est l'abîme toujours grandissant de la dette, dont on ose à peine sonder la profondeur.

La dette ancienne s'élevait à 350 millions de francs environ, répartis en bons royaux ou *valès*, dont l'émission successive date de Philippe V, et dont les bénéfices de la fameuse banque *Saint-Charles* ne purent amortir qu'une très-faible partie. En 1824, ils furent réduits au tiers consolidé.

En 1820, les rapports présentés sur les finances faisaient monter le capital de la dette à 15 milliards 200 millions de réaux, ou 3 milliards 800 millions de francs, savoir :

Dette avec intérêts .... 1,800,000,000 fr.
Dette sans intérêts............. 2,000,000,000

Depuis long-temps, les revenus ne suffisaient plus au paiement des intérêts. On affecta au remboursement du capital les fonds provenant de la suppression de l'inquisition, des jésuites, de divers monastères, etc. La masse des biens nationaux disponibles était évaluée à 8 milliards de réaux.

Voici quelques documents sur les finances à cette époque :

Le total des contributions était de 150 millions de francs, 125 pour toutes les communes, 27 pour les droits d'entrée dans les villes; ce qui chargeait chaque habitant d'un impôt de 10 fr. par an, par rapport à la population tout entière d'environ 14,000,000; il fallait ensuite ajouter la dîme, évaluée à 450 millions de réaux, et grevant le propriétaire foncier d'une contribution qu'on disait s'élever jusqu'à 20 pour cent du produit net.

Le déficit était de 46 millions de francs par an. On tenta alors, comme on l'a fait à plusieurs autres époques, de trouver des ressources pour le trésor dans les biens du clergé, dont on estimait la valeur totale à plus de 3 milliards de réaux. Déja, en 1807, Charles IV avait obtenu du pape l'autorisation d'aliéner une septième partie de certains biens ecclésiastiques contre des *valès*, dont les intérêts devaient être payés par l'État aux monastères dépossédés. Cette mesure n'ayant pas eu son entière exécution, en 1817, Ferdinand réclama du Saint-Siége l'autorisation de la compléter; mais celui-ci alléguant probablement que les conditions de la première autorisation n'avaient pas été remplies (les intérêts des *valès* n'ayant pas été payés), il accorda seulement de ne pas nommer, pendant deux ans, à tous les bénéfices simples de nomination royale, et d'en affecter les revenus à la dette publique. En 1822, les cortès déclarèrent que les monastères ne pouvaient être créanciers de l'État, et annulèrent toutes leurs créances, qui furent rétablies par Ferdinand VII, peu de temps après. Aujourd'hui, on propose de nouveau l'annulation; ce qui ferait rayer du grand-livre une dette au capital d'environ 350 millions de francs. Tant que les monastères existeront, beaucoup d'Espagnols blâmeront cette mesure, comme contraire aux saines vues de l'économie politique, dont un des premiers buts doit être d'intéresser tous les individus à la chose publique.

En 1822, le rapport du ministre des finances était ainsi balancé :

Dépenses......	861,591,000 r.	215,390,500 fr.
Recettes.......	664,162,000	166,040,500
Déficit........	197,429,000 r.	49,350,000 fr.

Pour fournir aux dépenses du service ordinaire et à celles nécessitées par les événements politiques, divers emprunts furent successivement émis sur les places étrangères. Ces emprunts fournirent au pays quelques ressources temporaires, mais insuffisantes, quoique l'entière émission de titres représentât une valeur nominale de près de 600 millions de francs, dont le produit effectif, il est vrai, fut loin d'atteindre ce même chiffre. Ces rentrées éventuelles ont été bientôt absorbées; la confiance des prêteurs étrangers s'est refroidie; le paiement des arrérages a été suspendu; les divisions intestines sont venues accroître les embarras du trésor; une réduction d'intérêts, prévue depuis long-temps, a enfin été décrétée, avec une dette énorme, qu'un écrivain espagnol fait monter à 4 milliards 250 millions de francs de capital, et 148 millions d'intérêts, en y comprenant tout l'arriéré dont pourrait être grevé l'ancien grand-livre; ce qui sans doute n'est plus admissible.

Voici l'état de la dette tel qu'il a été présenté dernièrement aux cortès, en mettant de côté une grande partie de cet arriéré.

	Capital.	Fonds d'amortissement et intérêts.
Dette étrangère active	796,239,000 fr.	43,560,000
Dette étrangère passive	213,950,000	» » »
Dette intérieure réglée	232,000,000	11,700,000
	1,242,189,000	55,260,000

La distinction qui a été faite entre la dette intérieure et celle extérieure présente de graves inconvéniens. Pour ménager et concilier les droits de tous, il a été proposé de ne faire de l'une et de l'autre qu'une seule et même dette, sous une même dénomination, et sous le même mode d'inscriptions, payables en Espagne, avec faculté d'escompter les coupons chez les banquiers étrangers, comme il se pratique pour la rente de Naples : ce projet est encore en suspens.

La dette intérieure n'est point encore réglée au grand préjudice des créanciers, dont la plus grande partie ne touchent point d'intérêts depuis très-long-temps. Les Espagnols voient avec une peine extrême cette infériorité de position où se trouve leur dette nationale.

Quant à la dette étrangère, elle a été ainsi classée :

un tiers en dette passive, et deux tiers en dette active. A la place des anciens titres, il en sera émis des nouveaux à 5 pour cent d'intérêts, jouissance du 1er mai 1835, pour la dette active; les paiements des arrérages ne seront faits que sur ces nouveaux titres; l'opération est déja commencée pour les bons des cortès.

Le total de la dette, tant ancienne que nouvelle, comprend :

Les anciens valès, provenant en partie de traitements d'employés mis à l'arriéré.

Les bons ou dettes des cortès.

Divers emprunts (depuis 1823), dont quelques-uns se rattachent à l'expédition de l'armée française. Tous ensemble comprennent l'emprunt Guebhard; la rente perpétuelle, 5 pour cent; celle d'Amsterdam, dans laquelle a été fondu l'emprunt de Hollande contracté par Charles IV; les certificats de la dette anglaise; 80 millions de francs alloués à la France par le traité du 30 décembre 1828; la rente 3 pour cent créée pour la conversion des bons des cortès, le 21 février 1831; les différés provenant de ladite conversion.

Une somme de douze millions de réaux, réclamée par les États-Unis, pour vaisseaux capturés. Cette indemnité a été liquidée par des certificats portant 5 pour cent d'intérêts, avec un amortissement de 1 pour cent.

Une autre somme de 890 millions, en papier, que réclament les acquéreurs de biens nationaux dépossédés en 1823, et dont la liquidation n'est point encore opérée.

Une ancienne créance de la Comp^e des Philippines, non réglée; une *id.* de la Comp^e de *los Cinco-Gremios*.

Une partie de l'argent remis par la France en indemnité des dégâts causés dans le pays, lors de la guerre de l'indépendance.

Voici enfin la balance des recettes et dépenses telle qu'elle a été présentée dans le budget de 1834 :

Dépenses.... 200,500,000 fr..... 808,000,000 r.
Recettes..... 150,477,000 601,908,000

Déficit....... 50,023,000 fr..... 200,092,000 r.

Ce déficit était, terme moyen, pour les cinq années expirées en 1833, de 60,000,000 fr.; il y aurait donc amélioration dans les recettes ou diminution dans les dépenses. Les réformes introduites dans l'administration ont sans doute réalisé quelques bénéfices.

Les dépenses intérieures sur le pied de paix, s'élèvent annuellement à environ 450 millions, sans compter celles de la caisse d'amortissement auxquelles il a fallu jusqu'ici fournir par des emprunts.

Dans l'état déplorable où se trouvent les finances, il a été formé divers plans d'économie et d'organisation. Pour garantir sa dette, l'Espagne offre sans doute, en biens territoriaux, des ressources immenses et encore intactes ; mais les besoins sont pressants, et les réformes et améliorations ne peuvent être que l'effet du temps. L'industrie, l'agriculture, les mines peuvent produire de très-grands bénéfices ; mais il faut de longues années, de la tranquillité dans les esprits, de la stabilité dans le gouvernement, de grands changements dans les mœurs, dans les lois. Le clergé et la couronne possèdent de vastes propriétés domaniales dont la vente a déja été bien des fois agitée ; mais les idées dominantes semblent s'y opposer ; les acquéreurs seront encore arrêtés par la crainte de voir les marchés annulés, comme il est arrivé plusieurs fois. On avait espéré pendant long-temps que, pour avoir, de droit, leur indépendance, les colonies américaines se résoudraient à quelques sacrifices d'argent; mais depuis qu'elles ont cette indépendance, de fait, l'espoir est bien incertain. Cependant on s'en occupe encore activement, et l'issue des négociations est difficile à prévoir, avec le mystère qu'elles réclament.

Les communes ont des revenus assez considérables (*propios*), qu'on a cherché à faire rentrer au trésor; mais il fallait alors charger ce dernier des dépenses locales que ces communes font faire à leurs frais et à meilleur marché que ne le ferait sans doute le gouvernement. La liste civile a déjà été considérablement diminuée; elle s'élevait anciennement à 47,740,000 réaux. Fixée par les cortès, en 1813, à 45 millions de réaux, et maintenue à ce chiffre par Ferdinand jusqu'à sa mort, elle vient d'être arrêtée par les dernières chambres à 28 millions pour la reine, 12 pour la régente, et 2 pour la jeune sœur d'Isabelle. Don Carlos, dans son manifeste du 6 octobre 1833, qu'on a lu dans les journaux, fixe lui-même la liste civile, pour lui et sa famille, pendant toute la durée de son règne, à 36 millions.

Il faut donc au trésor des ressources plus considérables et plus promptes. La dette est là, énorme, menaçante, et prenant chaque jour une extension nouvelle; en s'appuyant sur les déficits actuels, il ne faudrait pas beaucoup plus de dix ans pour qu'elle atteignît le chiffre effrayant de 30 milliards de réaux.

Aujourd'hui, si toutes les créances étaient reconnues et liquidées, il faudrait 400 millions de réaux au moins pour en servir la rente.

Et cependant le gouvernement ne peut trop se hâter, dans l'intérêt même de son crédit, d'opérer une liquidation générale, et de régulariser sa dette intérieure, dont les semestres ne sont point payés, et dont le sort n'est point encore arrêté. On propose d'en faire deux parts, l'une d'un tiers consolidé avec intérêts, l'autre de deux tiers non consolidés, provisoirement sans intérêts, mais divisés en séries, au nombre de dix, sous le nom de rente différée, et qui rentrerait chaque année par des tirages au sort dans la dette consolidée[1].

RELIGION.

La religion chrétienne fut pratiquée en Espagne dès les premiers temps de l'église. Les Goths y portèrent l'arianisme, mais les naturels restèrent catholiques romains. Il en résulta des guerres acharnées. En 579, le roi *Leuvigilde*, pour y mettre fin, convoqua à Tolède un concile dans lequel il fut fait quelques concessions réciproques, et il fut convenu qu'au lieu de dire: *Gloire au Père, au Fils et au Saint-Esprit*, on dirait: *Gloire au Père pour le Fils dans le Saint-Esprit*. Ce formulaire ne fit qu'accroître les haines et les persécutions, jusqu'à ce que, l'an 589, dans une nouvelle assemblée, l'hérésie d'*Arius* fut de nouveau et complétement abjurée. La foi chrétienne

---

[1] Ce plan est ingénieusement développé dans une brochure espagnole intitulée: *Catecismo financier espanol;* par *Oviedo*. Paris, 1834.

eut ensuite à lutter contre les croyances des Maures ; peu à peu les vainqueurs répandirent leurs dogmes religieux, et il se forma un monstrueux mélange de christianisme et de mahométisme, qui ne cessa qu'après l'expulsion totale des Arabes; et même le rit *mosarabe* se maintint encore long-temps en rivalité avec le rit *romain*; ce qui donna lieu, à diverses reprises, à des épreuves par le feu et à des combats singuliers entre des chanoines dont la lance devait décider de la préexcellence entre les deux cultes. Enfin, le rit romain l'emporta, et il est seul professé aujourd'hui.

CLERGÉ.

Le clergé n'est point justiciable des tribunaux civils; il a ses tribunaux particuliers dont la juridiction s'étend même quelquefois sur les laïcs, mais avec des réserves qui permettent, dans certains cas, d'en appeler aux audiences royales, ce qu'on nomme *Recurso de fuerza*. Les évêques ont la police de leurs diocèses; ils ont, à cet effet, une prison dont ils disposent exclusivement. Le clergé n'est point exempt d'impôts, comme on l'a souvent dit; il paie à l'État d'assez fortes sommes, à différents titres et sous diverses dénominations.

Les congrégations religieuses se divisent en deux classes; les *frailes mendicantes*, frères mendiants, qui ne peuvent avoir de propriétés foncières, mais dont les pensions, à peu près exemptes de toute retenue, les rendent aussi riches que les autres ordres; les *monges*, moines sédentaires, dont les couvents jouissent de tous les droits réservés aux établissements de main morte. Les femmes sont presque toutes cloîtrées.

Quant au clergé séculier, il comprend un nombre considérable de chanoines, de curés, de chapelains et de desservants. On peut évaluer au 80ᵉ environ de la population la quantité d'individus attachés à l'église.

Les jésuites, chargés spécialement de l'instruction, sont à peu près deux cents, répartis entre plusieurs colléges : il a été question de les remplacer.

La suppression des monastères a été bien des fois agitée; sans doute le nombre excessif d'individus voués au célibat et à l'oisiveté est une des causes principales de la décadence générale. Ce n'est pas ici le lieu de discuter l'opportunité et le mode d'exécution d'une mesure qui froissera nécessairement une grande partie du peuple dans ses habitudes, ses intérêts, ses croyances et la seule ambition qui règne dans les basses classes. C'est aux esprits sages, aux économistes instruits, qui ne manquent point en Espagne, de favoriser et d'accélérer l'action lente, mais certaine, du grand réformateur de toutes choses, *le temps*.

L'INQUISITION.

L'inquisition, dont le nom seul est l'objet d'une terreur involontaire et mystérieuse, et que ses cruautés ont vouée depuis long-temps à la haine des peuples, prit naissance, à la fin du douzième siècle, sous le nom de *Milice du Christ*, lors de l'hérésie des *Albigeois*. Simple commission établie, dans le principe, pour obtenir par tous les moyens possibles, sauf la mort, l'unité dans l'Église, ce ne fut que sous le pape *Innocent III* que *saint Dominique*, en 1208, nommé grand-inquisiteur, institua un véritable tribunal, dont les membres furent appelés *familiers de l'inquisition*.

Ceux-ci franchirent, bientôt après, les Pyrénées, mais respectant les catholiques espagnols, ils n'exerçaient leurs persécutions que contre les Juifs ou les Maures, et ceux qu'on nommait nouveaux chrétiens ou demi-chrétiens, qui étaient des Maures ou des Juifs baptisés, et les parents ou alliés des hérétiques. L'inquisition n'eut une action générale sur tous les Espagnols qu'en 1484, sous Ferdinand. Alors, et pendant plusieurs siècles, même aux époques où la civilisation prenait un essor favorable, les cachots restèrent pleins de victimes immolées au fanatisme, et trop souvent à des vengeances particulières.

Les défenseurs du saint-office, car il en a eu, prétendaient qu'il était pour la monarchie, autant que pour la religion, une sauvegarde, un vrai *palladium;* on leur objectait, et avec raison, qu'il n'était pas sans danger, pour l'État, de confier à une milice étrangère, aux moines de Saint-Dominique, un pouvoir si illimité et si arbitraire; pour le culte, de laisser tous les excès de la haine, de la superstition, de l'ignorance, dénaturer une religion de paix, de dévouement, de progrès. Enfin, ce tribunal redoutable a cessé d'exister de fait par la révolution de 1808. Le nombre de ses victimes a été évalué à près de 250 mille, pour la Péninsule seulement, et dans ce nombre 35 mille individus auraient été brûlés vifs. Le dernier *auto-da-fé* a eu lieu à Séville en 1780. Depuis cette dernière exécution, l'inquisition s'était beaucoup relâchée de ses anciennes rigueurs. En 1814, elle reparut seulement pour arrêter et comprimer la pensée. Sous le nom de *commission de censure,* elle vint encore *imposer au pays, non ses torches, mais son bandeau.* C'était elle seule qui, moyennant une rétribution, donnait la permission *para leer libros prohibidos*, permission qui plaçait l'individu appelé à en jouir dans une position de société presque exceptionnelle. Ces attributions, pour la censure des livres et imprimés, sont maintenant confiées aux évêques et à leurs conseils.

Il ne faut point confondre avec l'inquisition la *sainte-hermendad*, confrérie qui était chargée de veiller à la sûreté des campagnes dans le royaume de Castille seulement, et à laquelle les romans et chroniques ont donné une grande célébrité.

CORPORATIONS.

Outre les associations religieuses, il s'était formé depuis long-temps, dans tout le royaume, des *corporations* exerçant le plus fâcheux monopole et mettant de continuelles entraves au progrès de l'industrie. Dans chaque ville, elles fixaient le nombre d'individus pour chaque branche de commerce; elles déterminaient la quantité de boutiques, la distance entre elles, et jusqu'au mode de vente et d'exploitation. A Madrid, il y avait cinq grandes compagnies ou *gremios* qui avaient réuni leurs capitaux pour acheter toutes les marchandises et les revendre aux détaillants. Ces abus tendent à s'effacer.

CHAPITRE IV.

ÉTAT SOCIAL.

CIVILISATION.

C'est dans le calme de la paix, ou dans l'atmosphère d'une glorieuse indépendance, et sous un pouvoir protecteur, que les sciences fleurissent, que les beaux-arts étalent leurs prodiges, que l'intelligence humaine se développe, grandit et progresse. Les Espagnols n'ont que rarement joui de ces temps prospères, eux qui ont eu si souvent à se débattre contre les étrangers envahissant leur territoire, et contre des institutions plus funestes encore que les armes de l'ennemi. Et cependant, dès l'époque des *Phéniciens*, ils savaient construire des vaisseaux, teindre les laines, exploiter les mines; l'agriculture fut au plus haut point de prospérité sous les *Romains*, qui leur enseignèrent à pratiquer à la fois, et avec un égal succès, et les armes et les arts et les sciences; tournois, spectacles, écoles, académies, bibliothèques, tout fut employé par les *Maures* pour généraliser parmi eux l'instruction, et c'est aux documents qu'ils reçurent des Arabes en géographie, en arithmétique, géométrie, physique, chimie, botanique, médecine, astronomie, hydraulique, minéralogie, littérature, musique, mécanique, etc., que l'Europe doit en grande partie les éléments des connaissances dont elle est si fière aujourd'hui, et le haut degré de civilisation qui fait sa gloire [1].

L'Espagne actuelle n'a point suivi le mouvement européen, et cependant ce n'est pas, pour ses habitants, faute de posséder les qualités que réclame l'étude des beaux-arts et des hautes sciences. Ils l'ont bien prouvé du quinzième au dix-septième siècle, sous les règnes brillants de Ferdinand et d'Isabelle, de Charles-Quint, de Philippe II. Mais, depuis lors, le défaut d'encouragements, la mauvaise direction de l'instruction publique, le manque d'établissements spéciaux, les dissensions intestines, la routine, les préjugés, ont mis de continuelles entraves au développement de leurs facultés intellectuelles; à ces causes, il faut joindre sans doute l'influence d'un caractère porté généralement à la paresse, et empreint d'une fierté qui admet difficilement l'idée du mieux.

Toutefois, depuis quelques années, de grandes améliorations ont été introduites dans les mœurs, dans l'instruction, dans l'industrie. Une impulsion salutaire et régénératrice donne lieu d'espérer que la vieille Espagne est enfin arrivée à une époque de transition à des destinées nouvelles. Que cette belle nation jouisse des bienfaits de la paix, d'une sage liberté, d'une organisation sociale plus en harmonie avec le siècle, et les progrès de la civilisation ne s'arrêteront point aux Pyrénées; mais cet heureux changement, qui demande

---

[1] Divers ouvrages de M. Viardot donnent sur l'histoire et les mœurs des Arabes des détails pleins d'intérêt.

une réforme morale, ne peut venir qu'à l'aide du temps. Les lois se font et se défont en un jour; aux mœurs, il faut des siècles pour les modifier. Chez les Espagnols surtout, le bien et même le mal ne s'improvisent point. Un de leurs proverbes dit qu'il vaut mieux remettre au lendemain ce qui pourrait se faire dans la journée, et ce proverbe résume leur manière d'être habituelle.

DES CLASSES SOCIALES.

Naguère encore on ne reconnaissait en Espagne que deux grandes divisions sociales : d'une part, les privilégiés et les prêtres; de l'autre, le peuple. Les professions indépendantes étaient peu recherchées; c'était aux places rétribuées que tout le monde avait recours; aussi le nombre des employés était-il immense. La classe moyenne n'existait point; elle commence à se former, et se compose principalement des avocats, des industriels, des commerçants, des érudits. La tribune des *procuradores* leur est ouverte, et ne peut qu'ajouter à leur force morale et numérique. Ils y puiseront surtout cette unité de vues et d'action, nécessaire au triomphe d'une cause quelle qu'elle soit, et qui semble, jusqu'à un certain point, leur manquer encore.

La noblesse est considérée et recherchée, mais elle n'est pas une caste à part; c'est une distinction purement conventionnelle, sans effet matériel, et commune à tant de familles, qu'elle cesse d'être un motif de jalousie ou d'orgueil. Même pour les grands, les priviléges, qui se bornent, pour l'ordinaire, à des emplois de cour, ne sortent point d'une individualité sans patronage, sans influence sur les classes inférieures, sans cette clientelle qui, dans les autres pays, accompagne toujours une grande fortune, un grand crédit, un nom illustre, et un séjour prolongé dans les antiques domaines de la famille. Ce n'est pas en Espagne qu'on formerait une institution analogue à celle des *bourgs-pourris* d'Angleterre. Dans toute la Péninsule, non seulement il ne se trouve point de châteaux (et c'est par compensation sans doute que le proverbe si connu a permis à chacun d'en bâtir), mais encore les maisons de campagne y sont un luxe inconnu. Quelques vieux donjons sont encore debout, pour prouver, par leurs ruines, que l'Espagne doit avoir sa part dans la civilisation moderne, comme jadis elle l'a eue dans les pompes de la féodalité.

Le clergé, moins nombreux que la noblesse, a une toute autre prépondérance dans l'État.

Le corps des évêques, par ses vertus vraiment chrétiennes, ses habitudes de bienfaisance, les travaux et les établissements d'utilité publique que lui doivent les diocèses, est digne de la vénération dont on l'entoure, et de la haute influence qu'il exerce.

Il serait à désirer qu'on pût en dire autant de tous les ordres religieux, qui ne soutiennent pas toujours l'épreuve difficile d'une situation précaire et voisine de l'indigence, ou d'une vie oisive et exposée aux tentations de la richesse. Quelques exceptions recommandent certaines confréries à l'estime générale, et leur donnent une grande autorité sur les populations.

Quant au clergé séculier, sa part est plus belle. Dans toutes les campagnes, dans les plus petits hameaux, c'est le curé qui soutient le courage des habitants, qui termine leurs différends, qui se mêle à leurs jeux, à leurs fêtes, qui est leur ami, leur conseil, leur seul protecteur; pourrait-on s'étonner de l'immense ascendant des prêtres sur le peuple espagnol? ascendant qui n'a jamais été balancé, comme partout ailleurs, par celui des seigneurs et des puissants de l'aristocratie.

On a souvent répété que le clergé, comme la noblesse, ne payait point d'impôts. C'est une erreur; il n'est personne en Espagne, même les infants, qui jouisse de cette exemption.

Les grandes richesses du clergé existent incontestablement [1]; toutefois la noblesse est peut-être proportionnellement plus riche, sans que son influence s'en accroisse, par son état de gêne habituel, dû à la mauvaise administration de ses biens, et par son absence continuelle de ses propriétés.

La belle portion de la nation espagnole, c'est le peuple, avec les préjugés qui lui viennent des autres classes, et les nobles qualités qui lui sont propres : l'énergie, le courage, la persévérance, le sentiment de sa dignité, une piété trop souvent exaltée, mais toujours vive et sincère, une sobriété extrême, un attachement égal à sa patrie, à son culte, à son roi.

L'homme du peuple, en Espagne, ne ressemble plus à celui des autres pays. Son intelligence est extraordinaire; son langage, toujours simple, facile, souvent élevé, jamais trivial ni grossier; son raisonnement plein de justesse, et faisant supposer une éducation plus soignée que celle qu'il a reçue. Ses besoins sont tellement réduits, qu'il n'est point absorbé, comme

---

[1] On évalue à près de 250 millions de francs la somme totale des revenus du clergé, et la valeur de ses biens fonciers à plus de 3 milliards.

partout ailleurs, par la nécessité de travailler et l'appât du gain. Le nécessaire est pour lui chose si facile à trouver! Ce n'est pas là ce qui troublerait sa bonne humeur et le calme de sa vie! Une analogie frappante existe entre lui et le pays qu'il habite... A tous deux la nature a réparti les dons les plus heureux; à tous deux il manque la culture, le travail, nécessaires pour tout vivifier.

INSTRUCTION.

Les universités, si célèbres autrefois, ne rendent plus les mêmes services aujourd'hui; on en comptait anciennement vingt-quatre, fréquentées par un nombre d'étudiants assez considérable, quoique bien faible par rapport à la population. Une partie de la jeunesse est encore élevée dans les séminaires et les couvents, où elle puise tous les préjugés de la théologie scolastique et de la philosophie des cloîtres. Toutefois, depuis quelques années, de sensibles améliorations ont été introduites dans toutes les branches de l'instruction. Les études, dans les établissements publics et dans les colléges de création récente, sont mieux réglées; elles sont presque partout sous la direction des jésuites. Les frères de l'école chrétienne ont adopté la méthode de l'enseignement mutuel. On a établi, dans les villes, des écoles de trois degrés: les premières, pour l'instruction élémentaire; les secondes, pour ceux qui se destinent à l'administration publique; les troisièmes, sont consacrées à des études spéciales.

D'un autre côté, on a levé une partie des entraves apportées jadis à la publication des ouvrages nationaux, et à l'introduction de ceux de l'étranger; les traductions des bons livres français et italiens viennent chaque jour accroître les bibliothèques particulières ; les débats parlementaires portent la lumière sur des questions qu'on n'osait pas toujours aborder ; et plusieurs feuilles périodiques donnent à la pensée le mouvement nécessaire au progrès.

LA PRESSE.

Les journaux sont soumis à la censure préalable.

L'éditeur doit avoir trente ans et 6,000 réaux de revenu. Le cautionnement est de 24,000 réaux. Il n'y a pas de droit de timbre. La taxe pour l'intérieur est minime ; pour l'étranger, elle est réduite de 12 r. à 1 r. par feuille, de sorte qu'un journal de Paris, coûtant jadis 1,250 fr. par an à Madrid, ne coûtera plus que 100 fr.

En 1834, on comptait, dans toute l'étendue du royaume, quatre-vingt-dix-huit feuilles politiques. Vingt et une ont cessé de paraître. Sur les soixante-dix-sept restantes, cinquante et une ont un caractère officiel ; trois sont dans une ligne ministérielle, le *Messager des cortès*, l'*Abeja*, la *Revista* ; vingt-trois appartiennent à des opinions diverses. La valeur totale des abonnements aux journaux s'élève à environ 3 millions de réaux.

SCIENCES ET ARTS.

L'histoire naturelle est la partie la plus négligée, malgré toutes les richesses en ce genre que cette contrée offrirait à la science et à la spéculation, et les belles collections en botanique, en zoologie, et surtout en minéralogie, qui avaient été faites à Madrid dès le commencement du dix-huitième siècle, en réunissant aux productions de la Péninsule tous les objets précieux des vastes possessions américaines. La collection de médailles est aussi une des plus belles d'Europe. Au muséum, on remarque parmi les fossiles un des squelettes les plus complets de mastodonte, que les savants possèdent.

MÉDECINE.

La médecine a été long-temps l'objet de justes critiques, alors que sous l'organisation du *protomédicat*, elle était exploitée d'une manière déplorable par les chirurgiens des villes et les barbiers de village. De nombreux abus subsistent encore, mais ils tendent insensiblement à se détruire, et l'on trouve maintenant des praticiens du plus grand mérite, sortis la plupart des écoles de Montpellier.

LITTÉRATURE.

L'Espagne, à diverses époques, fut célèbre par ses productions littéraires. Du temps des Romains, elle avait déja ses poètes et ses orateurs; auparavant, elle avait eu ses *Galiciens*, qui composaient et chantaient des vers; les Arabes lui communiquèrent leur goût éclairé pour les lettres; et la littérature, qui participa, ainsi que tous les arts, à la prospérité croissante de la monarchie sous Ferdinand V et Charles-Quint, jeta un grand éclat dans tout le seizième siècle, notamment sous le règne de Philippe II, mais elle fut bientôt après entraînée dans la décadence générale, sous les derniers rois de la maison d'Autriche. Vinrent alors le mauvais goût, l'enflure et l'exagération du style oriental, qui dégradèrent toutes les œuvres de l'esprit jusqu'au règne de Philippe V.

Dans les treizième et quatorzième siècles, les *trouvères* catalans et valenciens, rivalisant avec les Provençaux, avaient composé un grand nombre de morceaux de poésie religieuse, héroïque et lyrique. Ils trouvaient dans leur lutte sanglante contre les Sarrasins des sujets inépuisables de romances ou de chroniques, comme le poëme du *Cid*, le plus ancien qui existe. C'est dans le seizième et le dix-huitième siècle que parurent successivement, mais à d'assez longs intervalles, *Boscan*, *Mendoza*, *Morales*, *Herrera*, *Quevedo*, *Saavedra*, *Cervantes*, *Calderon*, *Lopez de Vega*, *Mariana*, *Solis*, *Villegas*, *Garcilaso*, *Montalban*, *Zamora*, *Canizarès*, etc. De nos jours l'Espagne s'honore des *Quintana*, *Moratin*, *Martinez de la Rosa*, etc.

HISTOIRE.

Dans tous les temps, les écrivains espagnols se sont livrés avec succès au genre historique. Il n'y a pas de ville un peu importante qui n'ait son histoire ou ses chroniques.

ART ORATOIRE.

L'art oratoire a aussi été parfois cultivé d'une manière brillante, soit au barreau, soit à la chaire.

SPECTACLES.

Les spectacles sont une des gloires de l'Espagne et l'une des passions les plus vives de ses habitants. Les Romains y multiplièrent les théâtres, qui furent abandonnés ou même détruits sous les Goths. Les Arabes redonnèrent aux représentations théâtrales un éclat tout particulier; depuis eux, les Espagnols les ont toujours recherchées avec ardeur.

Les premières comédies écrites en langue valencienne, et qui n'étaient que des pastorales ou la représentation de sujets saints, furent très-informes jusqu'au quinzième siècle. Alors parut la fameuse *Celestina*, en vingt et un actes, qui fut composée en cinquante et quelques années par plusieurs auteurs. Le succès de cette pièce extraordinaire fit éclore de nouveaux ouvrages dramatiques. Les meilleurs furent ceux d'*Oliva*, de *Rueda*, d'*Alphonse de la Vega*; mais tous furent éclipsés par les *Cervantes*, les *Calderon, Lopez de Vega, Zamora*, dont le génie plaça le théâtre espagnol au premier rang. Les autres nations cherchèrent à l'imiter, et puisèrent souvent à cette source féconde. Cet éclat ne fut que passager; après avoir été le premier de l'Europe, le théâtre espagnol tomba complétement. Long-temps on se borna à traduire les bonnes pièces étrangères, sans oser s'élever jusqu'à des créations nouvelles. On prise beaucoup les traductions des grands classiques français, de *Marchena*, de *Carnerero*. *Don Ramon de la Cruz* est l'auteur de plusieurs petites pièces de mœurs très-estimées.

On distinguait anciennement les comédies héroïques, tragiques ou féeriques, les pièces de caractère qui étaient les meilleures, les comédies saintes ou mystères qui offraient le plus singulier mélange du sacré avec le profane. Actuellement on joue souvent des espèces de prologues, imitations de scènes populaires, dans lesquelles les acteurs excitent un véritable enthousiasme, et surtout des *saynetes*, petites pièces nationales, analogues à nos vaudevilles. Les grandes villes ont des troupes assez bien montées. A Madrid, sur les deux théâtres *del Principe* et *de la Cruz*, on joue alternativement l'opéra italien, des comédies espagnoles et des pièces traduites du français, celles de *Scribe* entre autres.

Sur la scène se reproduisent souvent, à la grande satisfaction des spectateurs, deux types particuliers au pays : les *Majos*, espèces de bravaches, et les *Gitanos*, sortes de Bohémiens qui étalent, les uns dans les villes, les autres dans les campagnes, toute l'originalité de leur vie d'aventures et de scandale.

Mais le vrai spectacle national, celui que les Espagnols préfèrent à tout, qu'ils recherchent avec une ardeur toujours nouvelle, qui met en jeu toute la vivacité et la force de leurs impressions, ce sont les combats de taureaux, spectacle aussi curieux et magnifique dans son ensemble que barbare et révoltant dans ses détails. Les hautes classes de la société commencent, il est vrai, à s'en détacher ; elles sentent tout ce qu'il a d'odieux et de révoltant ; mais l'entraînement du peuple est toujours le même.

L'effet que produit le son des premières fanfares est prodigieux... Les cœurs battent, les figures s'animent ; l'intérêt, l'émotion remplacent le flegme accoutumé ; tous les regards se portent avec empressement sur les *picadores*, à cheval, richement habillés de vestes de soie brodées sur toutes les coutures, les jambes et les cuisses couvertes de guêtres de peau de buffle, de grands chapeaux gris et la *résille* sur la tête, une longue lance à la main. Les *chulos* paraissent ensuite, en culotte et bas de soie, le bras gauche couvert de manteaux rouges qu'ils agitent en l'air, brandissant de la main droite les *banderillas*, remplies d'artifice, armées de crochets aigus, qu'ils doivent lancer au cou du taureau. Vient le *matador*, l'emportant sur tous les autres de magnificence, de grace, d'adresse et de force. Il est armé d'un large glaive : c'est le dieu de la fête! Malheur à lui cependant si son fougueux adversaire ne tombe pas à ses pieds, du premier coup qu'il lui aura porté! A lui les huées, à lui les malédictions de la multitude.

Maintes fois le taureau vend chèrement sa vie; des chevaux éventrés et rougissant l'arène de leur sang, des picadores renversés et courant le plus grand danger, signalent la fureur du terrible animal, qu'on irrite par tous les moyens possibles et dont les efforts sont accueillis par des bravos répétés, accompagnés de son nom, que les grands amateurs ne manquent pas de lire sur le programme de la fête, indiquant la généalogie et le lieu de naissance du taureau. A la fin, pourtant, il doit succomber; alors que ses bonds, ses voltes, sa vigoureuse défense n'ont pu le sauver du fer de l'adroit et hardi matador, alors éclatent les transports unanimes. Les hommes battent des mains, les femmes agitent leurs mouchoirs... Peuple exceptionnel, chez qui toute idée de courage masque et ennoblit la férocité. Ces fêtes durent souvent plusieurs jours; on y voit immoler jusqu'à soixante et quatre-vingts taureaux : les plus renommés viennent de la Navarre, et, dans l'Andalousie, des environs de Séville.

ARCHITECTURE.

L'architecture, si florissante dans le seizième siècle, où l'on vit s'élever le célèbre palais de l'*Escurial*, ne résista point à la décadence générale des arts, dans le siècle suivant, ainsi que la sculpture. Un grand nombre d'églises offrent, dans le genre gothique, des travaux admirables dus au zèle pieux des rois de Castille, et rivalisant avec la grace et l'élégance des mosquées arabes.

PEINTURE.

La peinture assure aux Espagnols une gloire justement acquise. L'école espagnole, modifiée de province à province, mais participant généralement des écoles italienne et flamande, s'honore des noms de *Carreno*, de *Ruis*, d'*el Mudo*, de *Vasquez*, de l'*Espagnolet*, de *Leonardo*, de *Joannes*, de *Viladomat*, de *Castillo*, de *Coello*, de *Raphael Mengs*, du célèbre *Velasquez*, peintre d'histoire et de batailles, du suave et religieux *Murillo*.

Après ces grands maîtres, l'art fut long-temps à ne plus rien produire de saillant. Dans le siècle dernier, les particuliers et le gouvernement unirent leurs efforts pour opérer une sorte de renaissance. Il se forma plusieurs académies pour les beaux-arts, en général, et notamment pour la peinture. Il existe maintenant un nombre assez considérable d'écoles de dessin.

MUSIQUE.

Les Maures avaient pour la musique un goût très-vif, que les Espagnols partagèrent, et qui ne s'est point perdu chez ces derniers. Ils préfèrent le genre italien au genre français; il y a peu de combinaisons harmoniques dans leur musique nationale, qui consistait jadis en petits airs détachés, appelés *tonadillas*, *seguidillas* ou *tiranas*, avec peu de modulations, d'un rhythme lent et grave, et qui se chantaient à une ou plusieurs voix, à l'unisson, avec accompagnement de guitare. La guitare, *vihuela*, et les castagnettes sont les deux instruments vraiment nationaux; ils se retrouvent dans toutes les maisons, dans les plus modestes demeures. Les morceaux que l'on chante habituellement aujourd'hui se nomment *aires*, *bolero*, *cantinellas*, *romances*.

DANSE.

La danse est chez les Espagnols une véritable passion. Ils avaient une grande célébrité dans cet art, du temps même des Romains; mais ils n'excellent que dans leurs danses nationales, le *fandango* et le *bolero*. Il y a quelques danses particulières à chaque province. La haute société a adopté les contredanses françaises, et le peuple les *seguidillas*.

Le *fandango* est très-ancien; il est caractérisé par une certaine gravité, des mouvements du corps lents et balancés, une grande variété dans le jeu de la physionomie, des pauses pleines de grace et de volupté. Le *bolero*, beaucoup plus moderne, en est une imitation, avec un caractère moins prononcé. Les pas sont plus vifs, plus animés, les mouvements plus précipités. Ils se dansent à deux, au son de la guitare et des castagnettes, et produisent un effet étonnant sur les groupes. C'est une véritable action magnétique; danseurs, spectateurs, vieux, jeunes, dispos, fatigués, tous s'animent, s'exaltent, tous cèdent à un entraînement général. La *seguidilla* reproduit, dans une espèce de contredanse à huit, les pas et mouvements du *bolero*. Ces danses, presque entièrement abandonnées par la bonne compagnie, sont très en usage dans les classes inférieures et donnent aux femmes un attrait indicible.

LANGUE.

Le *celte*, langue primitive des habitants de l'Ibérie, se mêla au latin, sous les Romains. Les Goths y introduisirent leur langage particulier, et les Maures le poétique arabe; de sorte que l'espagnol devint un mélange de ces langues diverses, ayant quelque analogie avec l'ancien français, mais offrant, outre les nombreuses modifications qu'il a reçues avec le temps, des différences très-sensibles dans les diverses provinces de la Péninsule. La nouvelle Castille est celle où la langue est réputée la plus pure; la *lingua castillana* a été adoptée par le gouvernement, pour les actes légaux et administratifs, comme par les érudits pour la littérature, tandis que les provinces ont conservé dans leurs relations intérieures leur dialecte particulier. La langue espagnole est riche, quoique manquant de termes techniques pour les arts et les sciences; elle est expressive, énergique, grave, noble, harmonieuse, poétique, mais prêtant à l'enflure, à l'exagération; on l'a nommée la langue des Dieux, pour exprimer, sans doute, tout le grandiose qu'elle comporte. Quelques lettres demandent une prononciation gutturale et forcée, qu'il n'est pas aisé d'acquérir et qui nuisent à sa douceur et à sa majesté; ce défaut s'affaiblit dans la bouche des femmes et ne nuit point aux charmes de leur conversation.

CONSTITUTION PHYSIQUE.

Les Espagnols sont, en général, d'une stature moyenne et d'une constitution robuste. Ils ont la tête belle, les yeux vifs, les traits réguliers, le visage expressif, le teint basané dans quelques provinces, la taille fine et bien prise, les épaules larges, la poitrine saillante, la jambe forte et bien faite.

Les femmes sont naturellement belles et d'une beauté vraiment poétique. Elles sont presque toutes brunes, avec le visage ovale, la bouche agréable, les yeux bien fendus et noirs, la physionomie mobile et très-spirituelle. Sur leurs joues pâles s'abaissent de longs cils noirs, tantôt voilant un regard doux et tendre, tantôt rendant plus incisive l'expression des passions les plus vives. Leur taille est souple, bien proportionnée, pleine de grace et d'abandon. Elles ont les pieds petits, la jambe admirablement bien faite. Cet ensemble plein de charmes, le piquant de leurs costumes, l'attrait de leurs conversations les rendent séduisantes au dernier point.

CARACTÈRE.

A toutes les époques, les Espagnols firent preuve de grande bravoure. Ils sont lents, ce qui est la cause ou bien la conséquence de cet esprit de paresse dominant chez eux, et qui n'a pas peu contribué à les mettre en arrière des autres peuples. Ce défaut, quelque enraciné qu'il soit, peut être effacé par la civilisation, et faire place à une activité extraordinaire, comme dans la Biscaye; il n'offre donc pas un obstacle invincible.

Un grand attachement à leur culte et à leur roi, de la fermeté, de la franchise, de la persévérance, une grande sobriété, de la gravité et du sérieux dans leur maintien, un abord froid et réservé, beaucoup de fierté, une haute idée d'eux et de leur nation, un style souvent ampoulé et prolixe, souvent aussi d'un orgueilleux laconisme, de la vivacité dans l'esprit, de l'aptitude aux belles-lettres, voilà les traits généraux qui caractérisent le naturel espagnol, mais avec de notables différences de province à province.

MOEURS.

Le territoire ayant été presque continuellement envahi ou dominé par des étrangers, et divisé en plusieurs principautés ou souverainetés, ces deux causes durent apporter et maintenir une grande diversité dans les lois, les mœurs et les coutumes, au milieu desquelles perce cependant le caractère national, qui se manifeste surtout par une prétention exclusive de supériorité pour la nation et les individus. Ce sentiment se retrouve dans toutes les classes de la société; s'il ajoute à l'orgueil des *grands* entourés de priviléges, il fait aussi battre le cœur du muletier, du simple *arriero*. Celui-là aussi est un homme, il en conserve toute la dignité... S'il touche la main de l'étranger, sa tête est droite, son regard assuré; s'il lui rend un service, l'idée de gratification n'est pas seule dans son esprit; s'il prend congé de lui, ce n'est pas par une humble et obséquieuse salutation, mais par celle-ci : *Vaya usted con Dios: Allez avec Dieu!*

La religion, le roi, la liberté, voilà, chez les Espagnols, les trois grands mobiles qui les rendirent célèbres entre les nations, qui les portèrent, dans tous les temps, aux plus grands, aux plus généreux sacrifices ; l'histoire en donne des preuves éclatantes. A *Numance* répond *Sagonte;* à *Sagonte* répond *Saragosse;* ces trois faits héroïques encadrent une longue série de dévouements à la patrie. Les premiers se perdent dans la nuit des temps ; les derniers se rattachent à notre époque, et forment une page mémorable de l'histoire moderne ; c'est au sol de l'antique Ibérie qu'on vit l'aigle de Napoléon s'abattre, comme arrêtée, dans son vol audacieux, par les colonnes fabuleuses où la main d'un demi-dieu avait dû graver ces mots : *Nec plus ultra.*

Par sa position géographique, l'Espagne aurait semblé devoir être à l'abri des révolutions européennes, des grandes commotions sociales. Il n'en est point ainsi ; l'intégrité du territoire, l'indépendance nationale furent bien souvent mises en péril, quoique l'objet constant des vœux et des efforts des habitants.

Le grand attachement des Espagnols aux croyances et aux pratiques religieuses les entraîne trop souvent jusqu'à la superstition et au fanatisme, et donne à toutes leurs habitudes quelque chose de mystique : *Ave, Maria purissima* est la formule ordinaire du salut, en heurtant à la porte de celui que l'on vient visiter. Les invocations à tous les saints abondent dans le style familier, et les images pieuses couvrent la poitrine du bandit. On a cru trouver la cause de l'abord froid et de la gravité des habitants de la Péninsule dans le système inquisitorial qui s'étendit si long-temps sur eux, en les plaçant dans un état permanent de défiance et de soupçon.

Il n'est pas étonnant que l'Espagnol ait si souvent brillé dans les combats, car il a toutes les qualités nécessaires au soldat : une valeur froide et soutenue, une obéissance absolue, une intelligence prodigieuse, une constitution qui résiste aux plus grandes fatigues, comme à toutes les intempéries du climat, une sobriété étonnante et l'indifférence la plus grande sur les nécessités de la vie. Mal vêtu, les pieds demi-nus, avec une nourriture à peine suffisante, sa forte carabine sur l'épaule, et quelques cigares à fumer, que lui faut-il de plus aux jours les plus pénibles! Que de tels hommes soient pourvus du simple nécessaire, qu'ils soient régulièrement exercés au métier des armes, qu'ils aient confiance en leurs chefs, que la cause qu'ils défendent soit l'objet de leur conviction, et ils trouveront, dans les champs de bataille, de nouveaux lauriers à joindre à ceux que l'histoire leur a décernés.

Le temps a nécessairement amené de grands changements dans les mœurs des Espagnols. A une certaine époque, l'épée et surtout le poignard jouaient un grand rôle dans tous leurs démêlés, à la faveur du long manteau et du grand chapeau rabattu. Aujourd'hui le duel et l'assassinat sont bien moins fréquents; mais ils se livrent encore, dans les temps de guerre civile, à des actes de rigueur, à des cruautés que devraient réprouver et la religion et l'esprit du siècle, et une politique mieux entendue.

L'excessive jalousie des maris et des amants n'existe plus que dans l'histoire. Les femmes, avec plus de liberté, ne sont sans doute pas moins fidèles que sous le régime des grilles et des verroux. Ce régime a cessé, ainsi que le système et les habitudes de galanterie que les Maures avaient laissés. Les duègnes, les enlèvements ne sont donc plus que dans les romans ; les sérénades seules restent encore comme tradition des temps passés.

Le reproche le plus grave qu'on puisse adresser à la nation espagnole est cette apathie fatale qui paralyse ses plus belles facultés, laisse des classes nombreuses dans une oisiveté désespérante, oppose un obstacle constant au progrès des masses, et semble dire à la civilisation : « Que nous veux-tu ? que parles-tu de mieux ? nous nous trouvons bien comme nous sommes.... » Argument spécieux, difficile à chasser de l'esprit de ce fier habitant de la Péninsule; lui, qui dédaigne le superflu, se passe même du nécessaire, appelle, le plus rarement possible, les autres à son aide, et s'endort content de sa journée, quand la *sieste* en a pris une partie, et que l'autre, il l'a passée *al paseo*, à la promenade, enveloppé dans son manteau, devisant avec le voisin, et chargeant paisiblement l'air de la fumée de son *cigarro*.

Retracer en peu de mots les mœurs et le caractère des femmes espagnoles n'est pas chose facile. Elles ont les passions très-vives et une imagination ardente. Tenant de la nature tous leurs charmes, elles sont étourdies ou embarrassées sans manières, ou positives jusqu'à la hardiesse. Leur instruction est extrêmement bornée, mais leur esprit naturel y supplée, et leur conversation est vive et attachante ; on s'étonne parfois d'y trouver une certaine liberté d'expressions, qui ne s'accorde plus avec leurs actions pleines de réserve et de dignité.

L'amour, chez les femmes espagnoles, est un sentiment profond, intime, qui les porte aux plus grands sacrifices, mais qui demande une affection égale, ou la vengeance. Dans leur cœur fier et généreux la jalousie s'ennoblit. Une Espagnole est une amante passionnée ; elle est rarement une coquette. Elle ne s'accommoderait point de l'obséquieuse nullité d'un *sigisbé* italien. Son *cortejo* doit avoir toute la soumission, mais aussi toute la dignité de l'amant préféré et heureux. Les serments qu'elle lui a faits, elle saura les respecter ; et si elle cherchait à les enfreindre, la société elle-même ne le lui pardonnerait pas. Cette même société est prête aussi à la venger d'une infidélité. Qui voudrait en Espagne d'un cœur inconstant ? l'amour y est presque un sacrement.

Les deux sexes font parfois un mélange assez bizarre d'habitudes licencieuses et de pratiques expiatoires, mais où n'entre point l'hypocrisie, entièrement étrangère au caractère national.

COUTUMES.

Dans un pays où les coutumes sont si variées, il serait difficile sans doute d'en présenter un détail exact ; on ne peut parler que de celles qui sont le plus généralement répandues.

L'usage du tabac à fumer est commun à tous les hommes, qui, sans recourir aux pipes, se contentent de ployer et rouler sur elle-même une feuille de tabac ; dans quelques provinces, les femmes elles-mêmes ne

ÉTAT SOCIAL.

refusent point le *cigarrito*, fétu de paille, ou petit morceau de papier roulé, renfermant un fragment de la feuille desséchée.

Tous les jours, de deux à trois heures, on fait la *siesta* : à ce moment de la journée, dans les villes, on chercherait vainement à qui parler; plus de mouvement, plus de bruit, la vie semble suspendue; on dirait la baguette magique d'un sorcier forçant la cité au repos. Cet usage est dû autant au climat qu'à l'indolence des habitants.

La classe aisée est dans l'habitude de se réunir le soir, et de former des espèces de *raouts*. C'est la *tertullia*, où l'on joue aux cartes et où l'on cause. Les rafraîchissements, gâteaux et friandises de toute espèce, que l'on y sert en abondance, constituent le *refresco*. On y voit surtout paraître l'*azucarillo*, petit pain de sucre très-spongieux, qu'on fait fondre dans de l'eau.

La cuisine, très-peu variée, très-épicée, infectée de *safran*, est peu du goût des étrangers, qui se laissent à peine séduire par l'*olla-podrida*, le mets par excellence, mélange de toutes sortes de viandes cuites ensemble. Du reste, les habitudes françaises ont fait irruption dans la cuisine espagnole, ainsi que les modes pour les voitures, les habillements, les ameublements et tous les objets de luxe.

Ce luxe n'est un peu sensible que dans les grandes villes; l'intérieur des maisons offre, en général, une extrême simplicité. On y trouve les murs peints en blanc, sans papier, ornés assez souvent de compartiments, d'arabesques ou de petites fresques, des siéges de bois et de paille, de grands tapis de jonc ou de sparte, des lits assez mauvais, rarement encore des cheminées, pour toute ressource, le *brasero*, grande coupe de métal remplie de charbons ardents, dont l'usage doit être si pernicieux, des portes et fenêtres fermant mal, et même sans vitraux dans les habitations du peuple. En Espagne, toutes les précautions possibles sont prises contre la chaleur; mais il n'en est pas de même pour le froid; aussi est-ce peut-être la contrée de l'Europe où l'on en souffre le plus, surtout dans les provinces du nord.

Les Espagnols sont très-attachés à leurs usages; cependant, sans en convenir, et comme malgré eux, ils se conforment, autant que possible, aux coutumes françaises, qui chaque jour modifient leurs mœurs.

COSTUMES.

L'ancien costume, tenant tout à la fois de celui des Romains, des Goths et des Maures, consistait en des hauts-de-chausse, une saye à larges pans, une cape et un capuchon, une escarcelle et une toque plate. Plus tard il devint plus élégant et admit la fraise, un justaucorps de soie, noir, étroit, à manches larges, un chapeau relevé, orné de plumes, un poignard à la ceinture et une longue épée; les bas de soie furent mis à la mode par Philippe II, qui en avait reçu en présent une paire, ouvrage d'une dame de la cour. Sous Philippe V, ce costume fut abandonné pour prendre l'habit à la française, qui n'a point été quitté depuis. Mais ces changements n'ont été adoptés que par les classes aisées; le peuple a mis et conservé dans son habillement une toute autre variété dont le pittoresque frappe encore les étrangers. Le manteau, très-ample, relevé sur l'épaule gauche, est d'un usage général; il vient des Maures, ainsi que la mantille des femmes.

Pour celles-ci, l'ancien costume fut d'abord une jupe noire, avec un manteau de laine et un petit chapeau orné de cordons.

Les femmes de distinction adoptèrent ensuite le *tontillo*, ayant beaucoup d'analogie avec l'ancien *panier* français. Les jupons très-longs devaient entièrement cacher leurs pieds; un long voile couvrait leur visage et leurs épaules, ce qui ne les empêchait pas de se placarder de rouge. Le corset, très-étroit à la ceinture et très-large à la poitrine, était bardé de baleines et de fer, et conséquemment très-raide.

Maintenant leur habillement consiste en un corsage plus souple, serrant toujours étroitement la taille, pour laisser aux hanches autant de saillie que possible; un jupon noir, de laine, de soie ou de velours, avec des garnitures, assez court pour découvrir le pied et le bas de la jambe; ce jupon est la *basquiña*, qu'elles quittent dès qu'elles sont dans l'intérieur de leurs maisons, souvent même chez les autres, ayant toujours un autre vêtement par-dessous. Les femmes de la classe riche se coiffent habituellement à la française, souvent avec des fleurs, toujours avec un peigne très-élevé. Elles ne sortent jamais sans la *mantilla*, long voile d'étoffe légère, noire ou blanche, de laine ou de blonde; il se place sur la tête et se drape avec grace autour du cou et de la taille. Ces mantilles sont quelquefois ornées de rubans, de paillettes, de broderies diverses. Les femmes du peuple les portent ordinairement en laine blanche et plus courtes. La *redezilla*, long réseau de fil ou de soie, et la *cofia*, espèce de petit sac de taffetas, très-orné de rubans, de dentelles, toutes deux destinées à contenir les cheveux, ne sont plus guère en usage, surtout dans la bonne compagnie. Les femmes du peuple ont la tête nue, les cheveux relevés et serrés sur le sommet de la tête, ou le plus souvent tressés et tombant par derrière.

La chaussure des Espagnoles est toujours élégante et soignée, et la forme si jolie de leurs pieds y répond admirablement. Leurs souliers sont le plus souvent ornés de broderies et de paillettes.

Un autre article de la toilette, essentiel et obligé, est l'éventail, dont le jeu dans leurs mains est si varié, si animé, si expressif.

Il y a quelques costumes affectés à différents états. Les habits d'uniforme sont assez multipliés.

Les prêtres séculiers portent un habit noir, long, croisé, maintenu par une large ceinture, un ample manteau par-dessus, et un chapeau à deux pointes arrondies. Les moines se conforment, pour leurs habits, aux institutions de leurs ordres.

Les costumes, comme les mœurs, varient de province à province, avec une tendance générale à s'égaliser et à se perdre dans les habitudes françaises. Ce nivellement, résultat inévitable d'une civilisation générale, est peut-être dans les vues et les désirs des profonds politiques, des philanthropes économistes; mais l'artiste et l'amateur du pittoresque y perdront des inspirations et des jouissances. Qu'ils se hâtent donc d'aller en Espagne, tandis qu'il en est temps encore, saisir ces variétés piquantes. Sur le revers septentrional des Pyrénées, ne voyons-nous pas déjà disparaître l'ancien costume des montagnards et des Basques, qui n'embellit plus que la petite vallée d'*Ossau?*

CONTREBANDE.

Il y a peu de pays en Europe où la contrebande ait été organisée comme en Espagne; elle y était devenue un art, une profession. Chansons, chroniques, romans, célèbrent les hauts faits des *contrabandistas;* insouciants, adroits, hardis, leur vie aventureuse était toute d'amour, de combats, d'indépendance. Depuis l'organisation du fermier général *Riera,* des carabiniers gardes-côtes et frontières, cet abus a beaucoup diminué.

MENDIANTS.

Le nombre jadis si considérable de mendiants et de vagabonds est aujourd'hui bien moins grand; c'est encore là cependant une des plaies de l'Espagne; on a cherché à y remédier, en fondant dernièrement un dépôt de mendicité, sous le nom de *San-Bernardino*, à peu de distance de Madrid. C'est avec peine qu'on y retient les malheureux, habitués à demander l'aumône le chapelet ou le poignard à la main.

VOLEURS.

Les routes sont encore infestées de brigands armés, dont on ne peut guère se défendre que par une espèce de prime ou droit que l'on paie pour la sûreté du voyage. Ces brigands sont un des plus grands obstacles à la facilité des communications. Sobres, lestes, infatigables, ils sont d'une bravoure et d'une audace à toute épreuve. Une longue couverture rayée entoure leurs épaules. Leur ceinture rouge cache un long poignard; ils sont en outre armés de deux pistolets et d'une escopette. Ils portent une culotte de velours ouverte au genou, de longues guêtres de peau, et un chapeau gris légèrement pointu. Leur chaussure est l'*espartille*. Quelques-uns, les chefs entre autres, sont vêtus avec la plus grande magnificence.

ESCOPETEROS.

Les *escopeteros*, qui accompagnent les voitures publiques, sont d'anciens chefs de ces bandes, fatigués du métier; ils font avec l'administration une sorte d'abonnement contre les entreprises de leurs anciens camarades. Les voyageurs peuvent avoir recours à cette espèce d'assurance; ils auraient même tort de la négliger.

GUERILLAS.

Les *guerillas*, à qui les circonstances politiques seules mettent les armes à la main, prouvent que les siècles n'ont presque rien changé au caractère national de ce peuple fait pour les armes. C'est encore le Celtibère défiant dans ses montagnes les peuples civilisés. Pour une classe nombreuse, la guerre est un état habituel qu'elle ne quitte pas sans regret. Dès que les événements l'autorisent, elle se livre à ses fureurs avec toute l'ardeur d'une sauvage indépendance, toute la force des traditions, toute la conviction d'un devoir à remplir.

CHAPITRE V.

DESCRIPTION PARTICULIÈRE DES PROVINCES VASCONGADES ET DE LA NAVARRE.

PROVINCES VASCONGADES OU BASQUES.

DESCRIPTION PHYSIQUE.

On désigne souvent et mal à propos, sous le nom commun de *Biscaye*, les trois seigneuries de *Biscaye*, d'*Alava* et de *Guipuscoa*, qui forment les provinces *vascongades* ou *basques*, situées au nord de l'Espagne, entre la *Bidassoa*, la *Navarre espagnole*, le golfe de *Biscaye* et la *Vieille-Castille*. Leur plus grande étendue est de 17 lieues du nord au sud, et 20 de l'est à l'ouest ; leur superficie est d'environ 450 lieues carrées. Elles sont traversées par les *monts Cantabres*, qui sont le prolongement de la haute chaîne des Pyrénées, et qui étendent leurs ramifications dans tous les sens, surtout dans le *Guipuscoa*, partie la plus montagneuse. De ces cimes élevées, les eaux s'écoulent d'une part dans l'Océan, de l'autre, dans la Méditerranée. Les circuits de la côte, hérissée presque partout de rochers, et garnie d'une grande quantité de ports ou baies, embrassent près de 30 lieues.

On appelle *encartaciones* des parcelles de territoire enclavées dans la province, jouissant des mêmes priviléges, mais avec une administration séparée ; tel est l'arrondissement de *Sommorostro*, qui s'étend le long de la côte, et celui d'*Orduña*, qu'on nomme aussi *Canton des Quatre-Villes*.

Le comté d'*Oñate*, dans le Guipuscoa, a de même une administration particulière.

Le sol est très-accidenté, pittoresque, et de la plus grande fertilité dans certaines parties; quelques portions du territoire offrent cependant des terrains entièrement incultes, comme aux environs de *Bermeo*.

Les vallées sont en général étroites et profondes. Le seul bassin qui ait quelque étendue est celui de *Vittoria*.

Les montagnes donnent naissance à plusieurs rivières et à une grande quantité de ruisseaux ou torrents dont les eaux se rendent directement à l'Océan ou vont grossir l'Èbre. Les principaux cours d'eaux sont : l'*Ansa*, l'*Oria*, l'*Ega*, l'*Urola*, la *Deva*, la *Bidassoa*, l'*Urumea*, l'*Araxès*, la *Zadorra*.

Au milieu des nombreuses ramifications qui partent de la chaîne élevée des *monts Cantabres,* on peut en distinguer trois principales : une, qui commence entre *Salvatierra* et *Oñate*, s'élève entre la *Zadorra* et les sources de l'*Arga*, et se dirige, en se divisant, vers l'Èbre, pour se terminer, d'une part, près d'*Azagra*, en séparant les bassins de l'*Arga* et de l'*Ega*, de l'autre, près de *Viana* et de *Miranda*, en se divisant de nouveau.

La deuxième, partant de *Salinas*, décrit d'abord un arc de cercle autour de *Durango*, et se continue ensuite parallèlement à la mer jusqu'à *Bilbao*, sur une étendue de 15 lieues environ, en se soutenant à une grande élévation.

La troisième se sépare de la chaîne principale, non loin de *Lecumberri*, et se dirige vers *Fontarabie*, en jetant un rameau vers *Irun*. Un de ses versants domine la vallée de la *Bidassoa*, et l'autre, celle de l'*Oria*; cette chaîne est peu étendue, mais très-élevée.

Le climat est tempéré; l'air, humide et nébuleux sur la côte, est plus sec en avançant dans l'intérieur; les hivers sont assez rudes.

STATISTIQUE.

Le pays est extrêmement riche en mines de fer, dont la qualité est très-estimée. On y trouve une mine de cuivre à *Salvatierra*; des marbres de diverses couleurs à *Oyarsun*; de la chaux, du plâtre, de la tourbe. Les mines sont principalement dans la Biscaye et le Guipuscoa, à *Sommorostro*, *Bilbao*, *Salvatierra*, *Mondragon*, *Hernani*.

On trouve aussi un grand nombre de sources minérales, froides ou chaudes, ferrugineuses, sulfureuses ou acidules; toutes sont très-peu fréquentées. Les plus connues sont à *Villaréal*, *Urribari*, *Berriatua*, *Thelleria*, *Arratia*, *Lequeitia*, *Bergara*, *Arteaga*, *Aulestia*, *Ceanuti*, *Armentia*, *Mondragon*, *Ascoytia*.

Sur plusieurs points, des sources d'eau salée donnent, en assez grande quantité, du sel marin.

La population des provinces vascongades est considérable, proportionnellement au reste de l'Espagne, et par rapport au peu d'étendue du territoire et à la configuration du sol ; on compte environ 350 mille habitants, parmi lesquels les nobles doivent être évalués à plus de la moitié.

On trouve dans les bois des ours, des loups, des cerfs, des chevreuils. La côte fournit de très-bons poissons, entre autres, la sardine, la raie, le saumon.

Les routes sont dans le meilleur état possible, parfaitement bien tracées et bien entretenues ; les frais énormes qu'elles ont nécessités ont été supportés par les cantons respectifs, qui ont, à cet effet, créé des emprunts avec un intérêt de 3 p. %.

Un moyen de transport commode et particulier au pays est le *cacolet*, sorte de panier double dont on charge les mulets, et qui supporte deux personnes voyageant de compagnie et en équilibre [1].

AGRICULTURE. — PRODUITS DU SOL.

L'agriculture est très-productive et généralement mieux entendue que dans plusieurs autres parties de l'Espagne ; les vallées sont d'une grande fertilité ; de vastes pâturages couvrent les hauteurs. Les terres, extrêmement fortes, ne peuvent être travaillées qu'avec beaucoup de peine ; on obtient d'excellents résultats de la marne qu'on y mêle comme engrais. Le labour se fait le plus communément à bras d'hommes, à l'aide d'un instrument appelé *laya*, sorte de fourche à deux

---

[1] Voir, au chapitre des Itinéraires, la description détaillée des routes.

dents, qui est enfoncée dans le sol par le poids des cultivateurs; on enlève ainsi de grosses mottes de terre, que l'on brise ensuite; ce mode est trop long et trop onéreux, pour ne pas nuire au progrès de l'agriculture. On fait aussi usage parfois de charrues, mais elles sont en général grossières et mal faites ; il en est de même des herses qui ne sont point ferrées. Les charrettes à bœufs ont des roues pleines, avec des essieux en bois, de près de 10 pouces de diamètre, dont le frottement est considérable et le bruit assourdissant.

C'est en froment et en maïs que les terres sont ordinairement ensemencées; on recueille en outre de l'orge, de l'avoine, beaucoup de fruits, d'excellentes châtaignes, beaucoup de pommes à cidre, du lin, du chanvre, un petit vin faible, appelé *chacoli*; les arbres les plus communs sont le chêne, le sapin, le noyer et tous les arbustes du centre de l'Europe. Les montagnes sont, dans certaines parties, couvertes de superbes forêts; mais la grande quantité de forges et d'usines les ont beaucoup dégarnies. La *Biscaye* et le *Guipuscoa* ne produisent point assez de blé pour la consommation des habitants; on en fait venir de la Castille, d'Alava et par mer. On élève des moutons en assez grand nombre, mais peu de bêtes à cornes.

INDUSTRIE. — COMMERCE.

Bien que les provinces vascongades soient des plus peuplées, des mieux cultivées, et peut-être les plus industrieuses de toute la Péninsule, elles n'ont pas encore acquis tous les perfectionnements que les relations commerciales et la facilité des communications auraient pu y introduire; elles ont encore d'importantes améliorations à obtenir; mais elles n'en sont pas moins placées à la tête de la civilisation espagnole pour les mœurs comme pour l'industrie.

On y trouve un nombre considérable de forges, de hauts fourneaux et de martinets; des fonderies de canons et de boulets, à *Elgoibar* et à *Eybar;* plusieurs fabriques d'ancres et d'armes blanches ou d'armes à feu, à *Andoain, Zubietta, Tolosa, la Sarte, Ernani, Arrazubia, Saint-Sébastien, Ampuero;* d'autres fabriques, en grand nombre, d'objets de quincaillerie en fer ou d'ustensiles de cuivre et laiton, à *Penteria, Bergara, Azpeitia, Tolosa, Balmuseda.* On confectionne aussi des chapeaux, des cordes, des toiles, des voiles, des étoffes de laine, de la faïence, des cuirs, des agrès de vaisseaux, du papier, du sucre, de la bière, du cidre.

Le fer est renommé par sa ductilité, qui lui permet d'être forgé à froid comme à chaud; il est d'une pureté remarquable; il est très-propre à la clouterie, aux fers de mules, aux armes blanches. On fabrique annuellement près de 50 mille fusils simples ou escopettes. Les canons de fusil faits avec de vieux fers de mulets sont très-estimés.

Le commerce d'exportation consiste principalement en fer, en laines, en châtaignes, en quincaillerie, en armes blanches et à feu, en cuirs et en agrès de vaisseaux; celui d'importation est plus considérable, et consiste en blé, vin, bétail, denrées coloniales, quincaillerie, modes, bijoux; le vin se tire de la *Rioja*.

Les relations maritimes sont faciles, par le grand nombre de ports que la côte présente; mais il en est plusieurs qui ne peuvent recevoir que des barques.

Les principaux débouchés sont *Bilbao*, *le Passage*, *Saint-Sébastien*, *Fontarabie*, *Portugalette*, *Léquéitio*, pour la mer; et sur terre, *Vittoria*, *Orduña* et la route de France.

Les droits pour l'entrée sont fixés à 5 p. %; et pour la sortie, sur la Castille et la Navarre, à 15 p. %[1]. Ces tarifs ont souvent varié.

ADMINISTRATION.

Les provinces *vascongades*, autrefois presque indépendantes, ont beaucoup perdu de leurs anciens priviléges; il leur reste cependant encore une partie de leurs lois antiques et de leurs vieilles coutumes, qu'elles conservent et défendent avec toute l'énergie et la persévérance du caractère national.

Elles furent pendant long-temps régies par les lois des Goths, mêlées au droit romain. (En 1394, il en fut fait un recueil particulier, avec le titre de *Fueros franquezas y libertades de Viscaya*. Ce code, revu et approuvé en 1493 et 1526, est encore en vigueur.) Elles sont administrées par des *juntes nationales*, nommées directement par le peuple; ces *juntes* se réunissent, à des époques déterminées, en assemblées générales, en plein air, sous l'arbre de *Guernica*[2].

---

[1] Dernièrement, don Carlos a promis, sous l'arbre de *Guernica*, de réduire les droits d'entrée en Castille, pour tous les objets exportés, et spécialement pour le fer.

[2] Cet arbre, monument vénérable des temps anciens, auquel se rattachent tant de souvenirs et de traditions, est un vieux chêne situé sur la paroisse *del Luno*; c'est sous son feuillage, qu'à diverses époques fut juré par les rois d'Espagne le maintien des lois et des franchises de la province.

Chaque ville, chaque commune choisit ses officiers municipaux, et concourt à la nomination des députés aux *assemblées provinciales*. Pour être député, il faut être né dans le pays, et être propriétaire d'un bienfonds de 3,000 fr. de capital au moins. Des *juntes nationales* sortent les députés généraux, investis du pouvoir exécutif, avec une autorité au moins égale à celle du gouvernement, et qui ont leur résidence dans les villes principales de chaque province.

La haute administration déléguée par le roi comprend un capitaine général ou gouverneur militaire, un intendant et plusieurs gouvernements particuliers. La police est faite par les *alcaldes*, qui jugent de tous les faits en première instance, et en réfèrent au *corrégidor*, juge civil et criminel, nommé par l'autorité royale, président les assemblées générales et particulières, et siégeant successivement dans chaque résidence des députés généraux. Tous les Biscayens d'origine directe, étant considérés comme nobles, ne sont justiciables, hors de la province, que du grand juge de *Biscaye*, qui siége à *Valladolid*; c'est une prérogative qu'ils sont très-jaloux de conserver.

Quant à l'administration municipale, elle est douce, paternelle et pleine de prévoyance. Il n'y a pas un village qui n'ait une vaste place, une belle fontaine, une église ornée avec soin, un hôtel-de-ville dont s'honorerait plus d'une cité, et un emplacement destiné au jeu de paume, pour lequel tous les Biscayens ont un goût très-vif.

Les divisions administratives sont formées en *partidos, uniones, alcaldias*; viennent ensuite les *merindades* et *ayuntamientos*; la portion de territoire dépendante de chaque paroisse s'appelle *ante-iglezia*.

Ces trois provinces se sont toujours refusées à admettre les douanes, le papier timbré, les agents du fisc, les levées d'hommes pour l'armée et la marine, les prohibitions pour le tabac, la poudre et les autres objets soumis ailleurs au monopole; en cas de guerre, elles doivent se lever en masse; elles paient leurs impôts sous forme de dons gratuits, et en font elles-mêmes la répartition (ils se nomment *alcabala* [1] dans l'Alava et le Guipuscoa, et *donativo* dans la Biscaye); elles ont leurs finances particulières, et même une dette inscrite avec un crédit tel, qu'au dernier soulèvement le 3 p. % d'Alava était à 93 fr. Les semestres en sont payés avec une scrupuleuse exactitude, si bien que, pendant la guerre, les deux partis s'entendent à cet effet. Le refus de la province de se soumettre aux lois générales de douanes la privait anciennement du commerce libre avec l'Amérique espagnole.

Les substitutions sont peut-être un peu plus restreintes dans les provinces vascongades que dans le reste de l'Espagne; mais les propriétés ne se transmettent pas moins religieusement de père en fils. Beaucoup de maisons, dans les campagnes, sont habitées par les mêmes familles depuis un temps immémorial. La construction en indique l'ancienneté; on en voit, surtout dans les environs d'*Orduña*, un certain nom-

---

[1] L'*alcabala* était anciennement un impôt commun à toutes les provinces; il était de 20 p. %, et s'exerçait sur toute propriété, toute marchandise, toute denrée transférée; il date de 1350, sous Alphonse XI, roi de Castille.

bre qui sont flanquées de petites tours, et qui datent d'une époque déjà fort reculée.

CARACTÈRE. — CONSTITUTION PHYSIQUE.

Les Biscayens ont conservé en partie le caractère moral et physique des anciens *Cantabres* dont ils descendent. Ils sont comme eux robustes, agiles et braves, propres à tous les exercices gymnastiques, marcheurs infatigables plutôt que très-forts coureurs. Ils sont pleins de fierté, de franchise, d'esprit d'indépendance et d'amour-propre. Ils sont opiniâtres, brusques, irritables, d'une fermeté inébranlable et d'une fidélité à toute épreuve; en même temps laborieux, adroits, industrieux, gais, moins sobres peut-être que les autres Espagnols.

Ils ont la taille ordinaire, le teint frais, la physionomie ouverte et riante. Ils parviennent fréquemment à une longue vieillesse. Ils sont assez grands mangeurs et bons buveurs, sans cependant s'enivrer souvent. L'idée de noblesse, qui leur est commune à tous, influe sensiblement sur leur manière d'être, même dans les fonctions les plus ordinaires.

Les femmes partagent toutes les qualités et quelques-uns des défauts des hommes. Elles se livrent avec ardeur aux travaux les plus rudes, et y déploient une force étonnante. Elles sont généralement grandes, sveltes et enjouées.

MOEURS. — COUTUMES. — LANGUE. — COSTUMES.

Les provinces basques ont, de temps immémorial, l'habitude de la vie fédérative, des assemblées populaires, des pouvoirs élus. Par leur constitution écrite, par leurs lois civiles, commerciales et criminelles, par un langage qui leur est particulier, elles forment une sorte d'état indépendant, qui ne s'est jamais considéré comme entièrement incorporé à la monarchie espagnole. Aussi loin de la servitude qui suit le despotisme que de l'égalité républicaine, elles offrent tous les éléments du gouvernement représentatif; il leur faut un roi, mais un roi qui les protége sans les asservir.

Presque tous les Biscayens sont nobles ou prétendent l'être, se regardant comme les descendants directs des *Cantabres* et des *Goths*, et purs de tout mélange de sang maure ou juif; aussi se disent-ils les plus anciens et les seuls vrais Espagnols. Sous Philippe II, ils furent tous admis à jouir des prérogatives de la noblesse[1]. Ils font pourtant des *Infanzones* une caste à part.

Doués d'une grande activité, ils se livrent, dans l'intérieur, aux travaux agricoles ou industriels; sur la côte, ils sont presque tous marins et pêcheurs.

Hommes et femmes ont un égal entraînement pour la danse, les courses de jeunes taureaux (*corridas de novillos*) et le jeu de paume (*la pelota*), auquel ils sont tous d'une grande adresse; les parties qui s'engagent de village à village donnent lieu parfois à des paris considérables. L'instrument de musique le plus en usage chez eux pour danser est une petite flûte, dont on joue en s'accompagnant d'un tambourin; on se sert aussi communément de la guitare et des castagnettes ; mais le manque d'instrument n'est point un obstacle à la

---

[1] Sous Philippe V, un hidalgo, signant son contrat de mariage, écrivait : Don.... *noble come el rey, e aun.... aun....* (noble comme le roi, et même.... même....)

danse villageoise, la voix des spectateurs y supplée ; les danseurs, en faisant claquer leurs doigts, remplacent les castagnettes, et marquent la mesure en frappant du talon contre terre.

La plus grande propreté règne généralement dans les habitations, que l'on blanchit tous les ans.

On parle dans les trois provinces le *castillan* ; mais elles ont aussi conservé, plus particulièrement dans les parties élevées des montagnes, le *basque* ou *vascon*, langue fort ancienne, sans aucun rapport avec l'espagnol moderne, ni avec aucune langue connue, et que l'on croit avoir été commune à toute la Péninsule *hispanique*, à en juger par les étymologies d'une grande quantité de noms de villes, rivières, montagnes ou provinces d'Espagne. Le basque est très difficile à apprendre ; la prononciation en est vive, heurtée ; elle semble dure à ceux qui n'y sont pas habitués. Comme toutes les langues primitives, elle abonde en expressions tirées d'images et d'observations prises dans la nature ; toutefois, on a cru y trouver quelques traces d'une civilisation antérieure à tout ce que les traditions apprennent sur le premier âge des peuples qui en faisaient usage, et des analogies assez remarquables ont donné lieu à quelques savants de penser qu'elle venait de l'hébreu ; par exemple, *Sem*, en basque, veut dire *issu de*; *Ararath*, nom de la montagne où s'arrêta l'arche de Noé, signifie *le voilà*; *Jehovah*, qui de toute antiquité fut le nom de Dieu, se retrouve dans la langue basque et se prononce *Quekoua*. Mais cet intéressant sujet ne peut recevoir ici le développement qui lui serait nécessaire.

Le costume, pour les hommes, se compose généralement d'une culotte courte avec des espèces de guêtres, d'un gilet rouge, d'un surtout très-large, d'un bonnet pointu ou d'un chapeau; quelquefois le *beiret;* de plus, la cape, la ceinture et les *espartilles.* Quelques-uns portent encore la *rédézille,* pour enfermer les cheveux.

Le costume des femmes consiste en une jupe assez ample, avec un corsage juste à la taille et des manches étroites. Leurs cheveux, dont elles ont beaucoup de soin, sont tressés et flottants sur les épaules; sur leur tête est la *montera,* chapeau de feutre, qu'elles remplacent quelquefois par un mouchoir de mousseline coquettement arrangé et dont les bouts retombent par derrière. Les jours de fête, leur mise très-propre est composée le plus souvent de vêtements blancs ornés de rubans roses.

HISTORIQUE.

Les habitants actuels des *Asturies* et des *provinces vascongades* descendent directement des *Cantabres* (dont ils prennent encore le nom), que ni les Carthaginois, ni les Romains ne purent jamais complétement soumettre, qui surent se soustraire au joug des Maures, et avec lesquels les Goths, après de vaines tentatives pour dominer sur eux par la force, contractèrent une longue et paisible alliance.

Ces anciens *Cantabres* sont dépeints comme des hommes agiles, robustes, intrépides, passionnés pour l'indépendance, affrontant avec audace les plus grands dangers et préférant la mort à l'esclavage. Les femmes n'étaient pas moins éprises de l'amour de la liberté; elles excitaient, dans le combat, le courage des hommes, et n'hésitaient pas à plonger un poignard dans le sein de leurs enfants, plutôt que de les voir tomber entre les mains de l'ennemi. Elles se livraient, dans les champs, aux travaux les plus pénibles, et ne manquaient pas, à ce que disent les historiens, sitôt qu'elles étaient accouchées, de se lever et de servir leurs maris, qui venaient se mettre à leur place. On affirme aussi que l'usage était de faire mourir les vieillards, lorsque ceux-ci ne pouvaient plus aller à la guerre et à la chasse. L'histoire ne donne que des notions fort incertaines sur la religion de ces peuples: selon les uns, sans culte, sans aucune cérémonie extérieure, ils adoraient un Dieu inconnu, leur *Jehovah*; selon d'autres, ils pratiquaient le culte druidique, avec les pierres consacrées et les sacrifices humains dans le fond des bois; mais il paraît certain qu'ils ne furent jamais idolâtres, ni sous les Carthaginois, ni sous les Romains.

La *Cantabrie*, outre les habitants des *Asturies* et de la *Galice*, comprenait, sur le territoire actuel des provinces vascongades, les *Vardules* dans l'Alava, les *Amanes* dans la Biscaye, les *Autrigons* dans le Guipuscoa, et les *Vascons* au pied de la grande chaîne des Pyrénées, lorsque les Romains envahirent l'Espagne. Les fiers et courageux montagnards défendirent vaillamment, et pendant de longues années, leur indépendance; mais ils ne purent résister à l'empereur *Octave*, entré dans leur pays avec une armée formidable commandée par *Agrippa*. *Oviedo* se rendit après un long siége. Les *Galiciens* et les autres *Cantabres*, au dire de plusieurs auteurs, préférèrent une fin glorieuse à la honte de la servitude, et la plupart des guerriers que le fer de l'ennemi avait épargnés se donnèrent eux-mêmes la mort. Le reste de la population se soumit à la force, et plus tard à l'administration douce et bienfaisante d'Octave; mais elle reprit bientôt les armes, lorsque Tibère abandonna l'Espagne à des gouverneurs doués de tous les vices de leur maître. Pour contenir les *Cantabres*, Tibère donna ordre d'élever plusieurs forts dans la province, de raser les villages, et de distribuer les terres à ses soldats. C'était sous Octave que l'Espagne avait été partagée en trois grandes provinces : la *Bétique*, la *Lusitanie* et la *Taraconaise;* dans cette dernière était comprise la *Cantabrie*. Les provinces furent ensuite divisées par districts, les districts par villes, et les villes en colonies, municipes, villes de droit latin, villes alliées ou tributaires. Les impôts, fixés au dixième des produits, furent établis sous les noms de *capitations*, *tributs*, *péages*. L'agriculture devint florissante; l'exploitation des mines prit une extension considérable; les aqueducs, les bains, les routes se multiplièrent; le pays partagea la prospérité de l'empire.

A l'apparition des barbares du Nord, les Romains abandonnèrent promptement la contrée, et se retirèrent immédiatement de la *Cantabrie*; dont une partie fut de suite occupée par les *Suèves*, jusqu'à ce que le roi *Leuvigilde* les en chassa, en étendant sur la Péninsule tout entière la domination des *Goths*. Ce chef *arien*, que le fanatisme religieux rendit souvent cruel envers les catholiques, fut un monarque habile et puissant. C'est de son règne que l'on peut dater le commencement de la monarchie espagnole. Il fut le premier roi visigoth qui porta une couronne et s'assit sur un trône. Il révisa et arrêta le code des Goths, dont Alaric, en 506, avait fait faire une première compilation, en mêlant les lois *Théodosiennes* aux coutumes de son peuple, coutumes analogues à celles des *Bourguignons*, et qui étaient plus douces et plus équitables que celles des *Francs*. Ces lois, sur lesquelles s'appuie encore le *Fuero* biscayen, tendaient à conserver intacte et pure la race guerrière des *Goths*. Elles admettaient la servitude et le classement de la population en hommes libres ou ingénus et en serfs; les violences particulières étaient punies par des peines corporelles; la dot, dans le mariage, devait être fournie par l'homme, la femme étant encore dans une sorte d'esclavage; le divorce était défendu; déja, d'après plusieurs écrivains, les fils aînés ne pouvaient point aliéner leur patrimoine, usage qui devait avec les siècles exercer une si grande influence sur l'organisation sociale des peuples.

Tous les Goths étaient guerriers; ils devaient tous marcher, à l'approche de l'ennemi; leurs armes étaient semblables à celles des Romains; ils portaient leurs cheveux séparés au milieu du front et tombant sur les épaules en recouvrant les oreilles, ce qui les distinguait des Romains et des indigènes, dont les cheveux étaient courts.

Les Goths, convertis à la foi chrétienne dès les premiers siècles de l'Église, avaient apporté en Espagne la doctrine de l'hérésiarque *Arius*, que le célèbre évêque *Osius*, né à *Cordoue* en 256, avait longtemps combattue. (Des apôtres et des martyrs avaient prêché l'Évangile dans la *Bétique*, avant la fin du premier siècle.) Dès que les *ariens* se furent réunis aux catholiques sous le successeur de *Leuvigilde*, le clergé ne tarda pas à étendre son influence et son autorité. Dans chaque province, il se tenait par an un *concile* ou *synode*, que présidaient les évêques exerçant la justice dans leur diocèse. Dans un but primitivement tout de charité, et par une pieuse intervention, précieuse à cette époque, les églises avaient le droit d'asile, avec immunité pour ceux que poursuivait le pouvoir séculier. Les ordres religieux se multiplièrent, et, tout en attirant les fréquentes censures des conciles sous les rapports de chasteté, devinrent pour les populations chrétiennes les seuls centres d'instruction et de civilisation; mais cette civilisation fut toujours très-bornée dans la contrée occupée par les Goths. Il ne reste aucune production littéraire de ces peuples, si ce n'est quelques vers dans le genre de la vieille poésie du Nord. Leurs constructions étaient de la plus grande simplicité (les monuments qu'on désigne comme *gothiques* sont de beaucoup postérieurs à cette époque); leur langue se perdit totalement, en se mêlant au latin et au vascon; ils ne faisaient aucune espèce de commerce, et n'avaient que très-peu de branches d'industrie. L'orfévrerie est l'art où l'on dit qu'ils aient eu le plus de succès. En perdant, sous le ciel de l'Ibérie, la rudesse et la cruauté des nations du Nord, leur vie devint molle, inactive et efféminée. Aussi, au VIIIe siècle, lorsque les Maures envahirent l'Espagne, la défaite des Goths fut prompte et générale[1];

---

[1] Tous les anciens historiens donnent pour cause de l'irruption des Maures, la trahison d'un comte *Julien*, gouverneur de l'Andalousie, lequel, pour se venger d'un outrage fait à sa fille *Cava* par le roi Rodrigue, aurait appelé et introduit l'ennemi

les *Cantabres* seuls opposèrent une barrière à la valeur fanatique des Sarrasins. Les chefs des Goths, et tous les guerriers dont les revers n'abattirent point la constance, et ne diminuèrent point l'attachement à leur roi et à leur religion, vinrent, en 718, sous la conduite de *Pélage*, chercher un asile dans les retraites inaccessibles des *monts Cantabres. Pélage* établit sa petite cour au hameau de *Cangas*; il y régna pendant dix-huit ans; ses descendants occupèrent le trône des *Asturies* et plus tard celui de *Léon* pendant environ trois siècles, tandis que le territoire des provinces vascongades était sous le commandement d'autres chefs visigoths, qui portaient le titre de ducs ou comtes. Dans le ixe siècle, la *Cantabrie* était divisée en trois parties : l'une, gouvernée par ses princes particuliers; l'autre, dépendant des rois des Asturies, la troisième appartenant à la *Navarre*.

Au commencement du ixe siècle, la Biscaye, qui n'est ainsi désignée dans l'histoire que vers cette époque, s'affranchit de la domination des rois d'*Oviedo*, et se donna pour chef le gendre du comte *Zeno*, qui la gouvernait alors. *Suria*, qu'on prétend issu du sang

---

dans son pays. Le fait est rejeté par quelques critiques modernes; mais, d'après toutes les traditions, *Julien* reçut dans son château un petit corps d'Arabes que *Muzza*, vice-roi du calife *Almanzor*, envoya d'abord en Espagne pour éprouver le courage des habitants. Le printemps suivant, *Muzza* vint lui-même à la tête de 12 mille Arabes, triompha des Goths au nombre de 100 mille, dans la fameuse bataille de *Xérès de la Frontera*, où le roi *Rodrigue* fut tué, et, avec la poignée de guerriers qu'il commandait, il soumit la Péninsule presque tout entière.

royal d'*Écosse*, fut proclamé *Seigneur*, et transmit son autorité à ses descendants qui prirent le nom de *Haro*. *Suria* fut aussi le chef de plusieurs maisons puissantes, telles que celles de *Lara*, de *Lacerda*, de *Roxas*, de *Mendoza*. Vers la fin du xiiie siècle, *Lopez Dios de Haro* reconnut la suzeraineté des rois de Castille ; et ceux-ci, après des guerres longues et sanglantes, s'emparèrent définitivement du pays : ce fut vers le milieu du xive siècle. Le fameux *Pierre-le-Cruel* ou *Prince Noir* fit mourir le *Haro* qui gouvernait la *Biscaye*, et la réunit à ses États, mais en couvrant le nom et l'autorité du roi du titre plus simple de *Seigneur*; usage qui s'est perpétué jusqu'à nos jours.

BISCAYE.

DESCRIPTION PHYSIQUE.

Limitée au nord par le golfe de *Gascogne*, à l'est par le *Guipuscoa*, au sud-est par l'*Alava*, à l'ouest par la province de *Burgos*, sa plus grande étendue est de 13 lieues de l'est à l'ouest, et de 12 du nord au sud.

La province se divise en terres hautes et terres basses. La partie basse est très-fertile; le terrain est inégal et généralement pierreux. L'air est doux, pur, plus tempéré que dans le reste de la Péninsule.

STATISTIQUE.

On cultive beaucoup de vignes, dont le raisin est très-bon, et dont on pourrait obtenir de meilleur vin avec une meilleure fabrication ; celui qui se fait et se consomme dans le pays s'appelle *vin chacoli;* on en tire en outre de la *Rioxa*. Le cidre de la *Biscaye* est très-estimé; les fruits y sont excellents et très-abondants, surtout les châtaignes, dont on fait un grand commerce; le fer qu'on retire des mines est d'une qualité supérieure; des sources minérales sourdent sur plusieurs points; les côtes sont fertiles et couvertes d'orangers; les montagnes offrent de vastes pâturages où les troupeaux se rendent pendant l'été, et de belles forêts pleines de bois de construction pour la marine. On trouve quelquefois des perles sur la côte; la province a plusieurs fabriques de lainage, de draperie, de toiles, de cuirs, de cordes.

Les villes principales sont *Bilbao*, *Portugalette*, *Durango*, *Sommorostro*, *Miravallès*, *Deusto*, *Guernica*, *Elorrio*. Il y a sept ports, dont les principaux sont *Bilbao*, *Portugalette*, *Lequeitio*, *Bermeo*. On compte 28 cours d'eau : le plus important est l'*Ansa*, qui reçoit la *Durango*, le *Nerviou*, le *Salcedon*, l'*Altube*, l'*Este*. La population est évaluée à 132 mille ames.

Entre la *Biscaye*, la *Vieille-Castille* et l'*Alava*, est enclavé le canton dit des Quatre-Villes, arrondissement long et étroit, réuni à la province par sa position géographique, mais séparé par son administration; la ville principale est *Orduña;* le territoire est traversé par l'*Ansa*.

ADMINISTRATION.

La province avait, depuis le xive siècle, adopté un code de lois générales; cependant chaque peuplade a conservé son *fuero* particulier, ce qui forme, pour ainsi dire, autant de petites républiques qui s'administrent elles-mêmes, et désignent un député à l'assemblée générale. Cette assemblée délègue trois députés généraux, chargés du pouvoir exécutif, avec des formes très-démocratiques. La Biscaye doit nommer deux *procuradores* aux cortès.

La douane, pour la sortie de la Biscaye, est à *Orduña*. L'impôt se paie sous le titre de *donativo*.

ALAVA.

DESCRIPTION PHYSIQUE.

Les limites sont : au nord, la *Biscaye* et le *Guipuscoa*; à l'est, la *Navarre*; au sud et à l'ouest, la *Vieille-Castille*. Son étendue est de 14 lieues de l'est à l'ouest, et de 10 lieues du nord au sud. Elle est séparée du *Guipuscoa* par la *Zaraya*. De hautes montagnes la cernent de tous côtés, excepté au midi, où l'*Èbre* la limite.

STATISTIQUE.

Le territoire renferme plusieurs mines de fer, de cuivre, des sources minérales, un grand nombre de ruisseaux et torrents; les rivières sont l'*Ega*, l'*Ansa*, l'*Urola*; les villes principales, *Vittoria*, *Salvatierra*, *Trevino*, la *Guardia*, *Salinas de Añana*. La population est de 84 mille habitants.

Les récoltes en blé sont supérieures aux besoins de la population; l'excédant s'exporte en *Biscaye* et dans le *Guipuscoa*. Les montagnes, jadis très-boisées, sont maintenant presque entièrement dégarnies.

ADMINISTRATION.

La province n'a qu'un seul député général; elle ne nomme qu'un *procurador*. Le tribut qu'elle paie à l'État se nomme *alcabala*. La douane, pour la sortie, est à *Vittoria*.

La contrée, après avoir été long-temps réunie, tantôt à la Biscaye, tantôt à la Navarre, se plaça, ainsi que le Guipuscoa, sous la protection du roi de Castille en 1200. Elle avait adopté le code des lois de *Calahora*, qui lui fut conservé avec la jouissance de très-grands priviléges. Son assemblée générale se tient une fois par an à *Vittoria*. Chaque ville a une administration presque indépendante.

GUIPUSCOA.

DESCRIPTION PHYSIQUE.

Borné au nord par le golfe de *Gascogne*, à l'est par la *Navarre* espagnole et française, au sud par l'*Alava*, à l'ouest par la *Biscaye*, son étendue est de 18 lieues de l'est à l'ouest, et 12 du nord au sud. Il y a 10 lieues de côtes environ.

Le climat est doux et tempéré; le ciel souvent nébuleux, et l'air humide.

STATISTIQUE.

Le pays est sillonné en tous sens par de hautes montagnes; il est très-pittoresque, très-accidenté. Les vallées sont couvertes d'une verdure continuelle, et assez fertiles. On y cultive peu de vignes, mais on y fait beaucoup de cidre. La principale récolte, après le froment, est celle du maïs. Les montagnes étaient autrefois garnies de superbes forêts, que la consommation journalière des forges a considérablement diminuées. Les vivres sont à très-bon marché; les terres ne rapportent pas plus de 2 pour $^0/_0$. La population est de 126 mille ames.

Le territoire renferme plusieurs mines de fer à *Mondragon*, à *Ernani;* des coquilles fossiles à *Salinas*, dans un marbre bleu veiné et pyriteux. Il existe près du même village une source d'eau salée, d'où l'on extrait, par évaporation, une assez grande quantité de sel marin. Il y a des eaux minérales ferrugineuses à *Bergara*, *Villaréal;* d'autres sulfureuses à *Berriatua, Lequeitia, Arratia, Urribari, Mondragon*, la plupart peu connues.

Les villes principales sont : *Saint-Sébastien, Fontarabie, le Passage, Tolosa, Vergara, Mondragon, Aspeitia, Guetaria, Ernani, Oyarzun, Elgoibar, Eybar.*

Les rivières : la *Bidassoa*, la *Deva*, l'*Urola*, l'*Orio*, l'*Urumea*, sans compter un nombre considérable de ruisseaux et torrents.

Les ports : *Fontarabie, Saint-Sébastien, le Passage, Motrico, Deva, Orio, Zaranz, Guetaria, Zumaya.*

L'ancien comté d'*Oñate*, enclavé dans le territoire, a une administration séparée.

ADMINISTRATION.

Le Guipuscoa fut réuni à la Navarre dès les premiers temps de la fondation de ce royaume; mais, en 1200, il se mit lui-même sous la protection d'Alphonse VIII, roi de Castille. Les habitants furent presque toujours en guerre avec les Navarrais, jusqu'à ce que Ferdinand et Isabelle vinrent assujettir les uns et les autres au même commandement.

Le recueil des lois du pays date de Jean Ier, en 1379. Il en fut fait une rédaction à Tolosa, en un vol., en 1696. Les priviléges de la province étaient autrefois considérables. Elle paie les impôts sous le nom d'*alcabala*. Comme frontière, elle reçoit des garnisons dans les places fortes, mais l'autorité militaire est totalement étrangère à l'administration civile. Les communes se réunissent en *partidos*, au nombre de dix-huit, qui envoient chacune un député à l'assemblée générale, laquelle se réunit une fois par an. Il y a deux députés généraux, résidant à *Tolosa* et *Saint-Sébastien*. Le corrégidor, juge civil et criminel, avec la haute police administrative, et président les assemblées particulières et générales, siége successivement à *Tolosa*, *Saint-Sébastien*, *Aspeitia* et *Ascoitia*. Il a sous sa juridiction 72 alcaldes ordinaires. Le *Guipuscoa* doit nommer deux *procuradores* aux cortès [1].

NAVARRE.

DESCRIPTION PHYSIQUE.

La Navarre a une forme à peu près triangulaire. Sa longueur moyenne est de 18 lieues de l'est à l'ouest,

---

[1] Lors des dernières élections, les électeurs permirent à leurs mandataires de se conformer au *statut real*, mais en leur prescrivant de s'abstenir pour tout ce qui toucherait à leur *fuero* particulier.

sur une largeur de 14 lieues du nord au sud. Elle est limitée au nord, par la *France*; à l'est et au sud, par l'*Arragon*; au sud-ouest, par la *Vieille-Castille*; au nord-ouest, par les *provinces vascongades*. Sa plus grande étendue est de 30 lieues du nord au sud. Elle a environ de superficie 205 lieues carrées, de 20 mille pieds. L'Èbre limite sa frontière méridionale; celle du nord est déterminée par la crête des *monts Pyrénées*, sur une longueur de 16 lieues environ, depuis le port de l'*Aña* jusqu'au mont *Larumbe*.

Des *Pyrénées* et des *monts Cantabres*, qui n'en sont que le prolongement, partent plusieurs ramifications, qui s'étendent sur toute la Navarre; elles sont en général très-élevées, escarpées, sèches et couvertes de rochers. Les principales sont : celle qui se détache près de *Salvatierra*, et se termine à l'Èbre, près de *Peralta*; une autre qui sépare le bassin de l'*Arragon* de celui de l'*Arga*, en s'étendant depuis le port de *Roncevaux* jusqu'à la plaine d'*Olite*, sur une longueur d'environ 25 lieues. Entre ces deux chaînes on en voit s'élever plusieurs autres qui sillonnent la contrée dans tous les sens. Le point le plus élevé est le *mont Altobiscar*, qui domine la petite plaine de *Roncevaux*.

Les vallées principales sont celles de *Roncevaux*, de *Roncal*, d'*Aleiscoa*, de *Lanz*, de *Bastan*, de *Lerin*, de *Borunda*. On voit de beaux bassins, fertiles et bien cultivés, à *Pampelune*, *Olite*, *Estella*.

Les principaux cours d'eau sont : au nord, la *Bidassoa*; au sud, l'*Arragon*, le *Zidacos*, l'*Arga* et l'*Ega*, qui reçoivent un grand nombre d'affluents et se jettent tous dans l'*Èbre*.

L'air est très-froid dans les montagnes; il est plus doux dans les vallées et le bassin de l'Èbre, et passe pour très-sain. Les hivers sont généralement assez rudes.

STATISTIQUE.

La contrée renferme des mines de fer à *Veodrin*, *Lugarchuelo*; de cuivre, près de *Pampelune*; de sel gemme, près de *Valtierra*; des marbres et du jaspe sur plusieurs points. Il existe une fontaine intermittente à *Angostina*. Quelques sources donnent du sel marin, qu'on extrait par évaporation.

Il se trouve des eaux minérales en plusieurs endroits : à *Belascuain*, près de Pampelune; à *Ariba*, près de Roncevaux; à *Fitero*, à *Fiermes*, à *Isaba* dans la vallée de Roncal; elles sont toutes thermales. Quelques-unes sont assez fréquentées par les habitants des environs; on fait quelque usage des boues minérales.

On assure que la population fut anciennement bien plus considérable qu'elle ne l'est aujourd'hui. On la porte actuellement à environ 271 mille hab., sur lesquels les nobles sont comptés pour plus de moitié. La province comprend 5 *merindades*, 9 cités, 17 partidos, 145 bourgs ou villages, 675 hameaux. Les villes principales sont : *Pampelune, Estella, Tudela, Tafalla, Olite, Sanguessa, Corella, Puente-la-Reyna, Peralta, Lodosa*.

Toute la richesse territoriale, mobilière et industrielle est évaluée à environ 154 millions de réaux.

L'*arrobe*, contenant 16 *almudes*, équivaut à 2 *fanègues* de Castille.

Le *cantaro* a 1/15ᵉ de moins que celui de Castille. La *vare* est aussi moins longue de 1/15ᵉ.

Les routes sont assez belles et bien entretenues ; elles sont décrites et détaillées au chapitre des *Itinéraires*.

On compte dix passages ou défilés pour franchir les Pyrénées, entre autres, ceux de *Roncevaux*, des *Alduides*, de *Maya*, de *Vera*, de *Ochagavia*, d'*Isava*. Le *cacolet* est en usage dans la Navarre comme dans la Biscaye.

AGRICULTURE. — PRODUITS DU SOL.

La culture des terres n'est pas partout également belle. Les semences alternent tous les quatre ans. Le labour se fait alors avec la *laya*; les autres années, c'est avec des bœufs.

On recueille du froment, du maïs, de l'orge, du seigle, du vin assez renommé, beaucoup de fruits, surtout des pommes et des olives. Les produits sont, en général, insuffisants à la consommation des habitants; il y a des années cependant où l'on exporte du blé en Castille. Les montagnes offrent de belles forêts en bois de hêtres, de pins ou de châtaigniers, et de vastes et excellents pâturages, où l'on élève des taureaux, des mules, des moutons, des chèvres, des cochons. On trouve dans le pays des ours, des loups, des chats sauvages, beaucoup de petit gibier, et des abeilles en grande quantité : la flore de la Navarre est la même à peu près que celle des Pyrénées françaises.

On évalue les récoltes à 1 million 300 mille fanègues de blé ; 197 mille fanègues de maïs, 600 mille id. d'orge et d'avoine ; 3 millions de cantaros de vin.

INDUSTRIE. — COMMERCE.

L'industrie n'a pris encore, dans toute la province, que peu de développement. Elle se borne à l'exploitation des mines et à la confection du papier, du savon, des toiles, des cuirs, de l'eau-de-vie, du jus de réglisse, du sel, des draps et lainages.

Le commerce d'exportation est peu considérable; il ne porte que sur des objets en fer et en cuivre, sur le jus de réglisse, le miel, l'eau-de-vie; celui d'importation embrasse tous les articles de nécessité journalière. Depuis quelques années, on remarque une amélioration sensible dans la richesse du pays, comme dans la force de sa population. L'Èbre et la Bidassoa facilitent les communications.

ADMINISTRATION.

Les priviléges de la Navarre ne sont pas peut-être aussi étendus que ceux de la Biscaye. Cependant la province a aussi son *fuero* particulier, qu'elle suit religieusement, et dont la conservation fait l'objet de tous ses soins et de tous ses efforts. Elle n'admet ni les douanes ni les agents du fisc. Elle paie à l'État un tribut particulier. Ses finances sont régularisées par une chambre des comptes, la seule qui soit en Espagne et qui connaît de toutes les affaires domaniales.

Les droits d'entrée sont d'environ 3 1/2 p. %, et ceux de sortie de 10 p. % pour les marchandises qu'on exporte en Castille. Le bureau de douanes est à *Agreda*.

Le capitaine général, qui prend le titre de *vice-roi*, préside le conseil royal, tribunal suprême pour le civil et le criminel. Les anciennes cortès, sous le nom d'*États*, n'ont point été abolies, mais elles ne peuvent se réunir qu'avec l'autorisation du roi. Elles se composent des représentants des trois ordres : les évêques et abbés de la province avec le prieur de Roncevaux, les nobles et les députés des villes. Une députation permanente, siégeant à Pampelune, gère toutes les affaires du pays, répartit l'impôt, et veille au maintien des lois et prérogatives. La province nomme trois *procuradores* aux cortès.

La division administrative est établie par *merindades* ou cantons, au nombre de cinq, qui datent d'une époque fort reculée; ils formaient cinq comtés sous *Louis*, roi d'Aquitaine. Les chefs-lieux sont : *Pampelune*, *Estella*, *Tudela*, *Sanguessa*, *Olite*. Il y a deux évêchés, l'un à *Pampelune*, l'autre à *Tudela*.

CARACTÈRE. — MOEURS. — CONSTITUTION PHYSIQUE. — LANGUE.

Les Navarrais sont sérieux, réservés, entêtés, violents, impérieux; ils sont, aussi, fiers, braves, spirituels, laborieux, intelligents; ils ont pris un peu des mœurs françaises. Le nombre des nobles est considérable, dans la vallée de *Bastan* plus particulièrement, où tous les habitants, sans exception, ont des prétentions à la noblesse, et maintiennent entre eux une égalité parfaite. Il en est de même dans la vallée de *Roncal*. Les Navarrais sont très-légers à la course, et, comme les Biscayens, très-adroits au jeu de paume;

ils sont en général plus sveltes et plus élancés que ces derniers.

Les arts et les sciences sont très-peu cultivés en Navarre, où l'on manque d'établissements pour l'instruction publique; il ne s'y trouve qu'une université et quatre colléges, qui n'offrent pas de grandes ressources.

Le costume des hommes et des femmes présente peu de différence avec celui des provinces basques et de la Castille.

La langue est un mélange de castillan, de catalan, de basque et de français. On n'y parle pas le basque aussi purement que dans la Navarre française et dans la Biscaye.

HISTORIQUE.

L'histoire, jusqu'à l'époque des Romains, ne donne que des notions fort incertaines sur la *Navarre;* elle était alors habitée par les *Vascons*, dont l'origine, la langue et les mœurs se confondent avec celles des *Cantabres*, leurs voisins. La *Navarre*, ainsi que la *Cantabrie*, fit partie de la grande province *Taraconaise* depuis l'empereur Octave. Les institutions romaines y portèrent le calme et rendirent l'agriculture florissante. La population avait pris un développement considérable lorsque les peuples du Nord envahirent la contrée. Les *Vascons* avaient déja depuis longtemps adopté la loi de Jésus-Christ; dès le commencement du IVe siècle, *saint Saturnin* était venu leur prêcher l'Évangile, et son disciple, *saint Firmin*, avait, dit-on, fondé l'évêché de Pampelune, le premier qui ait existé en Espagne.

Les habitants de la Navarre résistèrent aux *Alains,* aux *Suèves* et aux *Vandales,* qui ne firent que traverser leur territoire; mais, lorsque les *Goths* vinrent s'établir dans leur voisinage, ils eurent à soutenir contre eux des guerres acharnées, que les différences de culte rendirent encore plus sanglantes. Vers l'an 470, *Pompelon* et tout le territoire environnant tomba au pouvoir du roi *Évaric,* dont la résidence avait été jusque-là à Bordeaux. Exaspérés par les persécutions continuelles que les Goths exerçaient contre eux pour les ramener à l'*arianisme,* les *Vascons* se soulevèrent sous le règne de *Leuvigilde,* prince puissant et fanatique, qui avait fait mourir son propre fils pour avoir embrassé la religion catholique. Leuvigilde entreprit de les soumettre par la terreur, et entra, en 581, à la tête d'une forte armée, dans l'*Alava,* où il mit tout à feu et à sang. Les *Vascons* épouvantés franchirent la cime des Pyrénées, et s'établirent sur le revers septentrional jusqu'à la Garonne, dans toute la contrée qui a pris d'eux le nom de *Vascogne* ou *Gascogne.*

Au VIIIe siècle, la Navarre fut occupée, comme presque tout le reste de l'Espagne, par les Maures; mais, dès l'année 806, elle en fut délivrée par un des fils de Charlemagne, qui régnait en Aquitaine, et s'empara de Pampelune ainsi que de plusieurs autres villes[1]. Le pays fit alors partie du vaste empire des

---

[1] S'il faut en croire les vieux historiens espagnols, Charle-

Francs; mais, sous le règne faible et agité de *Louis-le-Débonnaire*, *Aznar* souleva la *Navarre*, et en prit le commandement avec le titre de comte, l'an 832. A sa mort, vers l'an 850, un *comte de Bigorre*, *Inigo Arista* [1], qui était venu secourir les Navarrais contre quelque nouvelle attaque des Sarrasins, fut élu roi. C'est là l'origine du royaume de *Navarre*, autant qu'on peut démêler la vérité au milieu des traditions incomplètes de ces temps reculés.

Le trône fut occupé pendant long-temps par les descendants d'*Arista*; parmi eux se distingue *Sanche III*, dit *le Grand*, qui prit le titre d'*empereur*, et régna avec gloire sur la majeure partie des provinces espagnoles libres de la domination des Maures; mais, suivant les funestes usages du temps, à l'instar de Clovis et de Charlemagne, il fit lui-même le partage de ses

---

magne lui-même, en 771, dans une expédition contre les Sarrasins, se serait rendu maître de la *Navarre*, et aurait détruit les fortifications de *Pampelune*. Quelques années après, ayant voulu de nouveau marcher contre les Maures, les Navarrais, animés par le désir de la vengeance, s'embusquèrent dans les rochers du mont *Altobiscar*, qui domine la petite plaine de *Roncevaux*, et là défirent complétement Charlemagne, malgré les prouesses du paladin *Roland*, qui y perdit la vie, l'an 778. Cette tradition a trouvé de nombreux contradicteurs, et a été mise par plusieurs critiques français au rang des fables; mais chez les Espagnols, elle a été un sujet inépuisable de romances, de légendes et de chroniques.

[1] Les comtes de *Bigorre*, descendant directement de *Clovis*, formèrent une maison illustre qui donna des rois à presque tous les trônes d'Espagne.

États entre ses enfants, et mourut assassiné un an après, en 1035.

Son fils *Garcie*, qui avait eu la *Navarre*, fut tué à la bataille d'*Altapuerta*, en 1094, par son frère *Ferdinand*. Il en fut de même de *Sanche IV*, assassiné, en 1076, par son frère *Raymond* [1].

La *Navarre* se donna alors à *Sanche-Ramire*, roi d'*Arragon*, et ne retourna que cinquante ans après à ses princes particuliers.

En 1234, *Blanche*, héritière de la couronne, la fit passer, par son mariage avec le comte *Thibaut*, dans la maison de *Champagne*. Ce *Thibaut*, surnommé *le faiseur de chansons*, fut célèbre parmi les *troubadours*.

Thibaut II accompagna *saint Louis* en *Palestine*, et mourut en 1270.

En 1285, la fille de Henri Ier transmit à *Philippe-le-Bel*, roi de France, le sceptre qui ensuite, par les alliances des femmes, passa successivement, en 1344, à la maison d'*Évreux*; en 1459, aux rois d'*Arragon*; en 1472, aux princes de *Foix* et de *Bigorre*; en 1494, à la maison d'*Albret*; et enfin, en 1512, *Ferdinand-le-Catholique*, s'autorisant d'un interdit jeté sur ce royaume par le pape *Jules II*, et de l'excommunication lancée contre *Jean III*, sire d'*Albret*, s'empara de toute la partie située sur le revers méridional des

---

[1] C'est de ces deux règnes que dataient deux ordres de chevalerie particuliers au royaume : celui de *los lirios* (*des lis*), et celui de la *encina* (du *chêne vert*), tous deux détruits depuis long-temps.

Pyrénées, qui depuis lors est toujours restée dépendante de la couronne d'Espagne, tandis que l'autre partie, appelée *Basse-Navarre*, fut réunie par *Henri IV* à celle de France. La *Navarre espagnole*, en se soumettant aux lois générales du pays, n'en conserva pas moins sa constitution et les formes de son ancienne administration.

CHAPITRE VI.

ITINÉRAIRES DES PROVINCES VASCONGADES ET DE LA NAVARRE.

Les routes principales qui traversent ces contrées sont : celle de *Paris* à *Madrid* par *Bayonne* et *Miranda*; celle de *Bayonne* à *Saint-Sébastien* et à *Bilbao*; celle de *Bayonne* à *Saragosse*, par *Pampelune*; celle de *Saragosse* à *Burgos*, par *Tudela* et *Miranda*; celle de *Pampelune* à *Saint-Jean-Pied-de-Port*; celle de *Pampelune* à *Vittoria*.

La description détaillée de ces routes et des autres principaux chemins est présentée dans les itinéraires suivants, qui embrassent tout le territoire des quatre provinces de *Biscaye*, d'*Alava*, de *Guipuscoa* et de *Navarre*.

ROUTE DE BAYONNE A MIRANDA DE EBRO.

	lieues.		lieues.
Bayonne.			6
Bidarte	2	La Bidassoa	2
Saint-Jean-de-Luz	2	Irun	» 1/2
Orogne	2	Oyarzun	1
	6		9 1/2

	lieues.		lieues.
	9 1/2		22
Hernani	1 1/2	Mondragon	2 1/2
Tolosa	3	Salinas	2
Allegria	1	Vittoria	3
Villafranca	2	Armiñon	3 1/2
Villaréal	3 1/2	Miranda	1 1/2
Bergara	1 1/2	Total	34 1/2 [1]
	22		

La route est belle et facile depuis *Bayonne* jusqu'à *Saint-Jean-de-Luz*; cette petite ville est traversée par la *Nivelle*, où remonte la haute mer. Après *Orogne*, la route descend vers le village de *Béhobie*, dont les dernières maisons sont sur la rive de la *Bidassoa*, frontière de France et d'Espagne, limite long-temps contestée. A peu de distance, à droite, est le village d'*Andaye*; le chemin à gauche, qui longe la rivière, conduit à *Pampelune* par la vallée de *Lérin*. On traverse la *Bidassoa* sur un pont de bois, près d'un îlot célèbre par le traité de 1659, entre les ministres *Mazarin* et *don Luis de Haro*, et par l'entrevue de *Louis XIV* avec l'infante *Marie-Thérèse d'Autriche*. Cet îlot s'appelle, depuis lors, *Ile de la Conférence*.

Sur la rive gauche on est dans le *Guipuscoa*. La première peuplade que l'on trouve est *Irun*, petite ville mal bâtie, dans une jolie position, entre les monts *Jaitzquivel* au nord, et au sud les monts *Aya*, qui séparent le *Guipuscoa* de la *Navarre*. On trouve dans la ville une église assez belle, un hôpital, un re-

---

[1] Toutes les distances sont évaluées en lieues de pays, environ 5,000 toises.

lais et un bureau de poste. La population est de 3,220 habitants. Déja on remarque des habitudes et des mœurs qui ne sont pas complétement espagnoles, mais qui ne sont plus françaises. A *Irun*, la route se divise : celle de droite conduit à *Saint-Sébastien* par la côte ; celle de gauche que l'on suit, se dirige vers une haute chaîne de montagnes, au pied de laquelle est le gros bourg d'*Oyarzun* (*Ocaso*), chef-lieu de la vallée ; relais ; population, 3,395 hab. On trouve dans les environs des mines de fer, d'étain, de plomb, de cuivre. De l'autre côté de la montagne est le village d'*Astigarraga*.

A peu de distance, *Hernani*, chef-lieu de *partido*, dans une vallée fertile, arrosée par l'*Oria*, que l'on traverse plusieurs fois en allant à *Vittoria*. Le vallon, très-pittoresque, est dominé par de hautes montagnes. On fabrique à *Hernani* des ancres pour la marine ; il s'y trouve une église assez jolie, un couvent de femmes, trois ermites. La population est de 2,550 habit. La route, qui se détache à droite, conduit à *Saint-Sébastien*, en suivant la rive gauche de l'*Urumea*. Après *Hernani*, on traverse le village d'*Andoain*, où l'on voit sur la route même une très-jolie église. Le village est au confluent de l'*Oria* et de l'*Aneso*.

On arrive ensuite à *Tolosa*, chef-lieu de *partido*, une des cités principales du *Guipuscoa*, jolie petite ville, riche, commerçante, située sur deux rivières, l'*Oria* et l'*Araxes*. Population, 5,000 ames ; 2 belles églises, 2 couvents ; pluieurs fabriques de clous, de fers à mule, d'ustensiles de cuisine, d'armes blanches ; chapelleries, papeteries, tanneries ; un hôpital, un dépôt de mendicité ; relais et bureau de poste ; d'assez bonnes auberges ; jolies promenades le long de la rivière; les habitants sont très-industrieux ; il s'y tient tous les samedis un grand marché. Le terrain environnant est bien cultivé. On aperçoit sur la montagne de *Aldaba* les ruines d'un vieux fort. Cette même montagne renferme du cristal de roche. A Tolosa est l'embranchement de la route de Pampelune. Au sortir de la ville, on voit le couvent des religieux de Sainte-Claire.

Après *Allegria*, où se trouvent des fabriques de fusils et d'armes blanches, on passe à *Legoreta*, puis à *Villafranca*, où l'on quitte la vallée riante et fertile de l'*Oria*, qui continue vers *Segura*, et l'on se dirige sur *Ormaisteguy*, en tournant brusquement à droite, pour reprendre ensuite la première direction à *Villaréal*, beau village de 800 habitants, réuni à celui de *Zumarraga*. Il s'y trouve une jolie église, trois ermites, un hôpital, une école, plusieurs *posadas*, un relais; des fabriques d'objets en fer, de toiles, de chapeaux. Il s'y tient une foire tous les ans, pendant les huit premiers jours de mars. A peu de distance du village situé sur l'*Urola*, commence une montée assez longue, suivie d'une descente fort rapide qui conduit au village d'*Ansuela*.

Près de là est *Bergara*, chef-lieu de *partido*, petite ville de 4,000 ames environ, remarquable par son collége. C'est là que fut établie la première société patriotique pour l'encouragement des arts utiles, en 1765. L'instruction élémentaire y était parfaitement bien dirigée. Il s'y trouve trois églises, plusieurs ermites, un relais, un bureau de poste, un bureau de loterie, plusieurs *posadas*, une école de dessin; on y travaille l'acier. C'est aussi la résidence d'un vicaire général dépendant de *Calahora*. Toutes les semaines il s'y tient un fort marché, qui se termine souvent par des danses très-animées. La mise des femmes est assez recherchée. Le territoire est riche et bien cultivé. Au sortir de la ville est un vieux manoir, type de l'ancienne architecture espagnole. La route qui se détache à droite conduit à la mer par *Elgoibar*, et à *Bilbao* par *Durango*.

Après avoir traversé le joli village de *Castañares*, on arrive à *Mondragon*, chef-lieu de *partido*, sur la gauche de la *Deva*, dans un site très-pittoresque, au pied des hautes montagnes d'*Arrambiscar*. La ville, entourée d'une enceinte fortifiée, a 5 églises, 3 couvents, 2,500 habitants, 3 ermites, un relais, un bureau de poste, un hôpital. On y voit les ruines d'un vieux château; on y trouve des bains thermaux. Dans les environs il y a des mines de fer qui alimentent plusieurs forges. Les montagnes offrent beaucoup de plantes médicinales, surtout à la *Sierra de Udalach*, dont la partie appelée *Cueva de Udalach* est très-riche en productions minérales et végétales, aussi variées que précieuses.

A peu de distance, au sud-est de *Mondragon*, est le gros bourg d'*Oñate*, chef-lieu d'un ancien comté enclavé dans le *Guipuscoa*, mais avec une administration particulière; il s'y trouvait une université assez fréquentée. La population est de 4,300 habitants. Il y a une très-jolie église, 3 couvents, 3 ermites, un hôpital. On y fabrique beaucoup de toiles. Un bel aqueduc amène les eaux nécessaires aux habitants, depuis le mont *Aloña*, à une heure de chemin. Le territoire est très-bien cultivé et très-productif; on remarque surtout une grande quantité de jardins et de vergers remplis d'arbres fruitiers et de fleurs rares. Les plantes médicinales sont très-communes, surtout la *bourrache*, qu'on vend dans toute l'Espagne sous le nom de *jarrillas de Oñate*. On vient aussi y chercher des mouches cantharides. Dans la montagne de *Artia* est le beau couvent de *Aranzazu*, à 2 heures de chemin.

A *Mondragon* s'embranche la grande route de *Bilbao*. En suivant celle de *Vittoria*, on passe à *Arechaveleta* et à *Escoriaza*. Ce dernier village est le chef-lieu de la vallée de *Leniz*. La population est de 1,760 habitants. Il renferme une église, un couvent, un hôpital, 3 ermites. On traverse ensuite la *Deva* sur un beau pont; près de là sont les ruines de l'ancien château de *Achorroz*, célèbre dans l'histoire. Les environs offrent de bons pâturages.

Bientôt après, on commence à gravir la haute montagne de *Salinas;* à mi-côte on trouve le village de ce nom, dont la plupart des maisons sont crénelées. Il possède une église, 3 ermites, 800 habitants, un couvent, un hôpital. C'est là où la *Deva* prend sa source. La température est très-froide en hiver. La principale industrie du pays consiste dans le sel qu'on extrait de sources salées qui se trouvent à un demi-quart de lieue du village; on met l'eau sur le feu dans de grandes chaudières de fer pour produire l'évaporation; on obtient ainsi 9,000 fanègues de sel environ par an.

Ce passage est célèbre par de nombreux combats et de fréquents accidents. Après avoir franchi la *Sierra*, qui tient à la chaîne principale des *monts Cantabres* et forme la limite du *Guipuscoa* et de l'*Alava*, on voit les hauteurs s'abaisser graduellement, et l'on descend dans la plaine de Vittoria, que l'on parcourt en traversant plusieurs beaux villages où règnent l'aisance et la propreté. Au milieu de la vallée coule la *Zadorra*, en se repliant mille fois sur elle-même ; cette rivière prend naissance à la *Sierra de Alsasna*, près de *Salvatierra*, et se jette dans l'*Èbre* au-dessous de *Miranda*, après un cours de 15 lieues.

Vittoria, ville principale de l'*Alava*, est située près du confluent de la *Zadorra* et de l'*Arienza*, sur une éminence, dans un vaste bassin d'une grande fertilité, parsemé d'une multitude de villages, et cerné de tous côtés par de hautes montagnes. On dit que les premiers fondements furent posés, en 581, par le roi goth *Leuvigilde*.

On distingue la vieille ville et la neuve. Cette dernière est mieux bâtie; elle offre quelques belles rues avec des arbres et des ruisseaux d'eau courante, et une vaste place entourée d'arcades, ornée d'une fontaine et de plusieurs beaux édifices; c'est-là où se font les courses de taureaux. La ville n'est point fortifiée; une partie seulement est entourée d'une vieille muraille. Sa population est d'environ 12,000 habitants. Elle fut le lieu de naissance de *Larrea*, jurisconsulte célèbre du XVIIe siècle. Elle possède un chapitre, 4 paroisses, 8 couvents, un hospice; de belles promenades, entre autres *la Florida*; une bibliothèque, une école de dessin, un cabinet de médailles; plusieurs fabriques d'armes blanches, de cuirs et d'ustensiles de ménage. Les églises sont d'une belle architecture gothique, notamment celle des *Carmes*. Les habitants sont actifs, industrieux. C'est une des villes de l'Espagne où les mœurs françaises se soient le plus généralisées. Il s'y fait un grand mouvement commercial, surtout en fer brut et ouvragé, en denrées coloniales, en lainage, draperie, poterie, et tous les objets de consommation journalière. C'est un point central intéressant par sa position géographique et le grand nombre de routes qui y aboutissent : celle de *Paris* à *Madrid*; celle de *Pampelune* par *Salvatierra*, à l'est; celle de *Logroño*, au sud ; celle de *Bilbao*, au nord; celle d'*Estella*, à l'est. Cette dernière est la seule en mauvais état. Les villages d'alentour peuvent servir d'excellents cantonnements. Tout le territoire offre une agriculture des plus florissantes; on assure cependant qu'on remarque dans l'atmosphère un refroidissement progressif qui contrarie certaines cultures.

Après la ville, la plaine se continue riche, fertile, couverte d'habitations, et toujours arrosée par la *Zadorra*. On traverse les jolis villages de la *Puebla*, d'*Armiñon*, et l'on entre dans le bassin de l'*Èbre*, où l'on suit, avant d'arriver au fleuve, une espèce de chaussée qui aboutit au pont. La limite entre l'*Alava* et la *Vieille-Castille* est indiquée par une colonne en marbre avec une inscription. *Miranda* est sur la rive droite de l'*Èbre*, à 34 lieues de *Bayonne*.

L'*Èbre* prend sa source dans le prolongement des *monts Cantabres*, aux *monts Santillana*, province de *Burgos*, dans la vallée de *Reynosa*; il se dirige vers la Méditerranée parallèlement aux Pyrénées, dont il reçoit toutes les eaux par un grand nombre d'affluents plus ou moins considérables. Son cours est d'environ 130 lieues depuis sa naissance jusqu'à *Tor-*

tose où est son embouchure. Il ne prend quelque importance qu'à *Miranda*; là il porte de légères embarcations jusqu'à *Tudela*, où commence le canal de *Saragosse*. Son lit est généralement sablonneux et mobile.

ROUTE DE BAYONNE A SAINT-SÉBASTIEN PAR LA CÔTE, ET CONTINUATION JUSQU'A LAREDO.

	lieues.		lieues.
Bayonne.			20
Irun	8 1/2	Ondarrea	1
Renteria	2	Lequeitio	2
Saint-Sébastien	2	Bermeo	6
Orio	2 1/2	Placencia	4
Guetaria	1 1/2	Portugalette	3
Zumaya	» 1/2	Sommorostro	1
Deva	2	Laredo	6
Motrico	1	Total	43
	20		

On suit la route déja décrite de *Bayonne* à *Irun*; si l'on veut visiter *Fontarabie*, il faut se détourner à droite après avoir passé la *Bidassoa* : le trajet est d'une petite heure.

Fontarabie, en latin *Fons rapidus*, ville autrefois importante par sa position et par les travaux qu'on y avait faits, située sur le promontoire d'*Olearzo*, à l'embouchure de la rivière, sur le versant qui fait face à la mer et qui dépend de la *Sierra* de *Jaitzquivel*; elle était protégée par le fort de *San-Telmo*, élevé à la pointe de la presqu'île. Le port est sûr, mais la basse mer le laisse presque à sec; il était anciennement assez fréquenté. Depuis une époque très-reculée, la ville avait le titre de cité; ayant été détruite dans la guerre de la révolution, elle présente encore le triste spectacle de ses ruines amoncelées, au milieu desquelles on a construit quelques maisons nouvelles. Elle a un gouverneur et une petite garnison. La population est d'environ 2,000 ames. Les habitants sont presque tous pêcheurs : on prend d'excellents saumons dans la *Bidassoa*.

Après être revenu à *Irun*, on laisse à gauche la route de *Vittoria*, et on se dirige par celle de droite vers la côte, en passant à *Lisso* et ensuite à *Renteria* sur la rivière d'*Oyarzun*. Ce bourg, anciennement fortifié, renferme deux couvents et quelques fabriques d'objets en fer.

Pour aller au *Port du Passage*, il faut encore s'écarter de la route et se détourner à droite d'une bonne heure de chemin. On arrive à la ville en s'avançant dans les rochers qui bordent la mer. La ville, dans un site très-pittoresque, est formée d'une seule rue resserrée entre la baie et les rochers à pic; les jésuites y avaient un collége assez important, qu'ils ont dû abandonner en 1814, par suite des événements politiques. Un château défend l'entrée du port, qui est encore protégé par une grosse tour. L'entrée n'est qu'une ouverture entre les rochers, tellement étroite qu'elle est à peine suffisante pour le passage d'un vaisseau. Ce port était anciennement le siége de la compagnie de *Caracas*, avant qu'elle fût réunie à celle des *Philippines* établie à *Saint-Sébastien*. On peut se rendre à cette dernière ville en traversant la baie à marée haute, ce qui demande une demi-heure, et autant pour le reste du chemin sur terre.

ITINÉRAIRES DES PROVINCES, ETC. 171

Si l'on veut repasser par *Renteria*, on arrive à *Saint-Sébastien* après avoir parcouru un terrain sablonneux et peu fertile ; la ville est même entièrement masquée par une butte de sable.

Saint-Sébastien, cité, chef-lieu de *partido*, la ville la plus importante du *Guipuscoa*, sur une presqu'île à l'embouchure de l'*Urumea*. La ville est entourée d'une enceinte bastionnée et défendue par une citadelle située sur une montagne conique, aride et nue, où l'on monte par une rampe fort raide. Le port, peu spacieux, est fermé par deux môles et protégé par une tour. Quoique franc, il n'avait pas anciennement le privilége d'expédition pour l'*Amérique*; les bâtiments, lorsqu'ils partaient, étaient obligés de relâcher à *Santander*, pour y enregistrer leur chargement. *Saint-Sébastien* était jadis le siége de la compagnie des *Philippines*, à laquelle fut jointe ensuite celle de *Caracas*. Il s'y fait encore aujourd'hui un commerce d'échange assez considérable en productions des colonies et en marchandises françaises et anglaises contre du fer, des soieries, des châtaignes, des agrès de vaisseaux. La ville fut entièrement détruite en 1813, lors de la guerre de l'indépendance, après un siége meurtrier. Toutes les maisons, à l'exception d'un très-petit nombre, avaient été brûlées et démolies ; elles ont été toutes rebâties avec assez d'élégance, et les rues sont généralement bien percées et bien pavées. Il y a dans la ville 3 paroisses, 5 couvents, 2 hôpitaux, une école de pilotage, un collége, des tanneries, des corderies, une fabrique d'ancres, un consulat, un relais, un bureau de loterie, de bonnes auberges. La population est de 9,700 ames. C'est la résidence du capitaine général des provinces *basques ;* elle a toujours un état-major et une assez forte garnison. Elle a vu naître plusieurs hommes illustres dans les lettres ou dans les armes.

Le climat est assez généralement pluvieux. Les dehors de la ville sont assez agréables, surtout la vallée où naquit, en 1491, *Inigo*, devenu *saint Ignace de Loyola*, qui, après avoir été page de *Ferdinand V*, et blessé au siége de *Pampelune* contre les Français, se fit chevalier de la *Vierge-Marie*, et fonda la *compagnie de Jésus*, si connue depuis sous le titre de *l'ordre des jésuites*. Le vallon a conservé le nom de *Loyola ;* on s'y rend par une espèce de promenade, où l'on trouve, dans un site pittoresque, un ancien couvent de *franciscains*. Tout le territoire est sablonneux; on y récolte cependant de très-bons fruits; il s'y fait du vin *chacoli*. Le ciel souvent nébuleux entretient dans les vallées une verdure continuelle. Les environs sont tellement remplis de forges, de martinets, d'usines en tous genres pour le fer, qu'on appelait le pays la *Boutique de Vulcain*.

Le chemin qui rejoint la grande route de Vittoria en longeant l'*Urumea*, parcourt un terrain peu fertile, et traverse une haute chaîne de montagnes qui dominent tous les environs. Toute cette route, depuis *Irun*, était jadis fort difficile et même dangereuse; elle a été faite en entier aux frais de la province; maintenant elle est dans le meilleur état possible.

Après Saint-Sébastien, on peut suivre la côte pour se rendre aux petits ports qui s'y trouvent en grand nombre, mais le chemin est bien moins bon. On traverse successivement :

Orio, à l'embouchure de l'*Oria*; 618 habitants; terrain peu fertile; fabrique d'ancres; construction de chaloupes.

Guetaria; 1,086 habitants, une paroisse, 4 ermites, un hospice, beau jeu de paume. On voit quelques restes d'une enceinte fortifiée; la ville fut entièrement brûlée en 1597. Elle vit naître *Sebastian de Elcano*, un des premiers navigateurs qui aient fait le tour du monde; il mit trois ans à son expédition de 1519 à 1522, sur le vaisseau *la Victoire*; on voit sa statue en pierre, haute de 7 pieds, sur la place publique. Le territoire est assez fertile.

Zumaya, à l'embouchure de l'*Urola*, petit port sans importance. Un chemin conduit à Villaréal, sur la grande route de Bilbao, en passant par *Aspeitia* et *Azgoitia*. C'était anciennement à *Aspeitia* qu'étaient les plus belles forges du *Guipuscoa*.

Deva, à l'embouchure de la rivière du même nom, dans une jolie situation. La ville, chef-lieu de *partido*, renferme une église paroissiale très-remarquable, 3 succursales, 2 couvents, 2 hospices, 3,000 habitants. Le port est très-sûr et à l'abri de tous les vents; aussi a-t-il été, à diverses époques, très-fréquenté; on y voit des restes de constructions importantes. Les habitants sont presque tous pêcheurs; quelques-uns travaillent le fer. Le territoire est très-fertile; il offre quelques sources minérales. On trouve dans les montagnes de belles carrières de pierres et des plantes médicinales en grande quantité; il y a, près d'*Otazabal*, du charbon de terre; à *Garagarza*, une fontaine intermittente, assez abondante pour fournir de l'eau à plusieurs usines. C'était du port de *Deva* que partait le canal projeté par le célèbre *Pignatelli* pour joindre les deux mers, en réunissant les eaux de la *Deva* à celles de la *Zadorra* et de l'*Èbre*, et établissant ainsi une communication directe de *Deva* à *Tortose*.

Une belle route mène à *Bergara*, en longeant constamment la rivière, et en passant par *Elgoibar*, chef-lieu de *partido*, qui renferme 2,136 habitants, une paroisse, 4 couvents, un hôpital, 4 *posadas*, une fonderie de canons et de boulets. Le terrain environnant est assez productif. Il y a des eaux minérales froides à *Cascante*, *Olarazaga*, et des eaux thermales à *Alzola*.

Motrico, chef-lieu de *partido*, tire son nom d'un rocher que la basse mer découvre, et qui de loin a la figure d'un oursin de mer, *Erizo*; en basque, *Tricu*. La ville a 3,000 habitants, une belle église, un couvent, un hôpital, 3 ermites. L'église possède un beau tableau de *Murillo*, représentant le *Christ* sur la croix. Les habitants s'occupent beaucoup de la pêche; cependant la culture des terres est très-soignée. Les priviléges de la ville, très-anciens, lui furent confirmés, en 1256, par *Alphonse-le-Sage*. C'est la patrie de *Churruca*, marin célèbre, qui mourut à *Trafalgar*.

Ondarrea, 1,500 habitants, une paroisse, 4 ermites, un hôpital, une école; le port est bien abrité, mais il est peu profond. Les habitants sont tous pêcheurs, et construisent des barques ou chaloupes, comme tous ceux qui vivent dans les petits ports dont cette côte est garnie.

Un chemin conduit à *Bilbao*, en passant par *Guernica*, gros bourg de 850 habitants, contenant une paroisse, 3 ermites, 2 couvents, un hospice. Ce bourg est célèbre par l'arbre qui porte son nom, quoiqu'il ne soit par sur son territoire, et sous lequel se tiennent les assemblées générales de la province; l'arbre est situé dans l'*Anteiglesia del Luno,* village de 600 habitants, dont le territoire touche celui de *Guernica.* Près de ce dernier est un vaste terrain, dit de *Juncal,* que la mer inonde fréquemment, et qui est entièrement inculte.

Lequetio, 2,750 habitants, une paroisse, un couvent, 8 ermites, une école de navigation, une école élémentaire. La ville a été plusieurs fois brûlée, notamment en 1435 et en 1595. On y fait du vin *chacoli,* de l'eau-de-vie; on y travaille le fer.

Bermeo, 4,215 habitants, 2 paroisses, 2 couvents, 2 hospices, 9 ermites. Il existe encore une enceinte avec cinq portes. Le port est presque à sec à la basse mer; la côte fournit beaucoup de poisson, surtout des sardines. Dans les terres, on rencontre beaucoup de gibier; il s'y trouve une fontaine ferrugineuse. *Don Alonzo de Ercilla,* l'auteur de l'*Araucana,* naquit à *Bermeo,* l'an 1525.

Placencia, 1,193 habitants, une paroisse, 2 ermites, un hôpital, une école de navigation, 2 autres d'instruction élémentaire.

Portugalette, 1,200 ames, une paroisse, 2 couvents, 3 ermites, un hôpital. La ville, bâtie sur la pente d'une colline, est entourée d'une mauvaise muraille; le port est très-bon, mais l'entrée en est assez difficile.

Sommorostro, au centre à peu près des *Encartaciones,* qui s'étendent le long de la côte garnie de plusieurs batteries. Dans la montagne de *Sárantes* on a cru remarquer les traces d'un volcan éteint; dans celle de *Triano* sont les mines de fer de si belle qualité, dont on approvisionne la majeure partie des usines et fabriques des trois provinces basques.

Laredo fait encore partie des *Encartaciones*; il est sur la rive droite de l'*Azone*, vis-à-vis *Santoña*. Le port est vaste, mais peu profond.

ROUTE DE BAYONNE A BILBAO ET PORTUGALETTE.

	lieues.		lieues.
Bayonne.			28 1/2
Mondragon	24 1/2	Bilbao	4 1/2
Durango	4	Portugalette	3
	28 1/2	Total	36

On suit pendant plus de 20 lieues la route de *Bayonne* à *Vittoria*, détaillée dans le premier itinéraire; de *Bergara* on peut aller à *Durango* par la montagne, mais le chemin n'est pas très-facile; on passe alors à *Elgueta*, anciennement appelé *Maya*, limite du *Guipuscoa* et de la *Biscaye*. Il y a plusieurs sources minérales dans les environs, à *Ubegui*, *Ubera*, *Areguiosar*. On traverse ensuite *Elorrio*, petite ville de 2,393 habitants, qui renferme 2 paroisses, un couvent, un hôpital, 17 ermites, une école, plusieurs fabriques de fer. De là on se rend à *Durango*, en suivant l'*Oria*; ce trajet est d'environ trois heures.

Mais c'est à *Mondragon* seulement que s'embranche la grande route de Bilbao; on franchit la montagne très-élevée de *Udate* par le port de *Campanzar*, avant d'entrer dans la plaine de *Durango*. Cette plaine est fertile, bien cultivée, parsemée de maisons d'un joli aspect; les coteaux environnants offrent aussi une belle culture, et sont couronnés par de hautes pyramides granitiques.

Durango, sur la rivière du même nom, qui prend sa source dans les montagnes près de *Mondragon*, et se jette dans le *Nerviou* au-dessus de *Bilbao*. La ville, chef-lieu de *partido*, renferme 2,246 habitants, 4 églises, 3 couvents, un hospice, 9 ermites. En 1483, Isabelle jura la conservation de ses priviléges et de ses *fueros*. Il s'y tient une foire de quinze jours, qui s'ouvre tous les ans à la *Santa Agueda*. Presque toute la population est occupée à la fabrication du fer. Des hauteurs qui entourent le bassin, on découvre la mer et une longue étendue de côtes. A quelque distance de la ville on voit une énorme pierre supportant un bloc de pierre également, représentant un *rhinocéros* tenant sous ses pieds une boule, avec des inscriptions et des figures très-anciennes, qui ne donnent aucun indice sur l'origine de ce monument. De *Durango* part un chemin qui va dans le *Guipuscoa*, en passant par *Ermua* et le gros bourg d'*Eybar*, qui renferme 2,560 habitants, 2 églises, dont une très-belle, 2 couvents, une chapelle à la Vierge. On y fabrique des armes blanches et à feu; les escopettes d'*Eybar* sont très-estimées.

De *Durango* à *Bilbao* la route traverse presque continuellement de beaux bois que l'on exploite pour la marine.

Bilbao, cité principale de la Biscaye, dans un bassin entouré et dominé de tous côtés par de hautes montagnes, sur la rivière de l'*Ansa*, qui, de là, est navigable jusqu'à la mer; la ville fut bâtie en 1300, à l'endroit où était l'ancien port des *Amanes :* elle se nommait primitivement *Belveo* (*beau gué*). Le port est bon et très-fréquenté par les bâtiments marchands qui remontent la rivière à la marée haute.

La ville renferme 4 églises paroissiales, 10 couvents, 2 hospices, un arsenal, un collége, plusieurs écoles d'instruction élémentaire, de dessin, de langues étrangères, de pilotage, des chantiers de construction, un bureau de loterie, de poste, des relais, un grand nombre d'établissements industriels pour des objets divers, surtout pour les cuirs, la mouture, et les agrès de vaisseaux. La population est d'environ 15,000 ames. Les maisons sont généralement assez bien construites, fort élevées et garnies d'avant-toits très-saillants. Les rues sont pavées avec soin, lavées par de nombreux canaux, et entretenues dans un tel état de propreté, qu'il en est plusieurs où nulles voitures ne peuvent passer, excepté la seule voiture du roi, comme *seigneur de Biscaye.* Parmi quelques beaux monuments, on remarque une église, un hôpital, et la boucherie; sur les bords de la rivière s'étend une fort jolie promenade appelée l'*Arenal.*

Bilbao est la résidence d'un député, d'un corrégidor, d'un commandant pour la marine; il s'y fait beaucoup de commerce, plus particulièrement en laines, en fer brut ou travaillé, en châtaignes, en cuirs, en toiles, etc. Il y règne beaucoup d'aisance et un perfectionnement dans les mœurs et la civilisation dont jouissent peu de villes d'Espagne. On y trouve de très-bonnes auberges. Les habitants sont très-jaloux de leurs priviléges; ils n'accordent que difficilement le droit de naturalisation; il faut, pour cela, prouver une origine noble, ou au moins de bonne bourgeoisie, et qu'on ne descend ni de Maures ni de Juifs.

La ville n'est point susceptible de défense à moins de très-grands travaux ; cependant c'est un point important à occuper, en temps de guerre, pour s'assurer des arrivages par mer et être maître des routes de Castille et de Durango. De l'autre côté de la rivière on a construit un petit fort dans une position assez avantageuse. *Bilbao* est à 15 lieues de *Vittoria*, 36 de *Bayonne*, 90 de *Madrid*.

Tout ce bassin offre une riche culture et une végétation admirable. L'air est d'une humidité désagréable sans en être plus malsain.

Pour aller à *Portugalette*, on traverse une partie de la ville, et l'on suit une très-belle route le long de la rivière qui coule dans la plaine couverte de jardins et de jolies habitations. Une digue magnifique retient les eaux de l'*Ansa*. Les bâtiments de 2 à 300 tonneaux remontent jusqu'à *Bilbao*; ceux qui sont plus forts mouillent au port de *Lorezza*, à l'embouchure du *Salcedon*.

A une demi-lieue de *Bilbao*, les montagnes se rapprochent; on traverse le joli village de *Deusto*, de 1,500 habitants, sur le penchant d'un coteau cultivé avec le plus grand soin. Près de là, sur la droite, est le couvent de *San-Antonio*; on y va par un chemin presque en escalier, qui se continue jusque sur le sommet de la montagne, où sont établis les signaux de la marine. Le couvent, occupé par des *franciscains*, est dans une position ravissante.

On parcourt dans toute sa longueur le plateau de *Deusto*, au milieu d'une longue suite de maisons propres, riantes et bien tenues, et on redescend vers la rivière par un escarpement assez roide. De l'autre côté de l'eau, est le beau village de *Lorezza*, au confluent du *Salcedon*, qui vient de l'ouest, et est navigable jusqu'à *Valmaseda*, à 2 lieues de *Lorezza*. Près de là, on aperçoit le couvent *du désert* : ce couvent est fort riche et dans un beau site.

On suit alors la chaussée qui va jusqu'à *Portugalette*, et fait de la rivière un canal de navigation.

Pour arriver à la ville, on trouve un bac et une foule de petites barques qui font le trajet en 8 ou 10 minutes.

ROUTE DE BILBAO A MIRANDA DE EBRO, PAR ORDUÑA.

	lieues.		lieues.
Bilbao.			10
Llodio	4	Puente-lara	3
Orduña	3	Miranda	2 1/2
Osma	3	Total	15 1/2
	10		

La route traverse un pays fertile, bien cultivé, très-habité, où règnent l'activité, l'industrie et l'aisance. On passe à *Arancadieja*, à *Miravallès*, beau village où l'on travaille du fer, et qui renferme 390 habitants, une église, 2 ermites, un hôpital ; il y a près de là des sources minérales. A *Areta*, on laisse à gauche un chemin qui mène à *Vittoria*. Le village est sur la limite du pays des *quatre villes*.

A deux heures de là, sur la droite, en remontant le *Salcedon*, sur la route de *Medina del Pomar*, on trouve *Valmaseda*, petite ville de 2,000 habitants, avec une église, 2 couvents, 2 hôpitaux, un relais, un bureau de douanes. On y travaille le fer et le cuivre ; le gouvernement a dû y établir une fonderie de canons et de boulets.

En suivant la route de *Bilbao* à *Orduña*, on passe au village de *Llodio* ; on y voit un puits où le flux et reflux se fait sentir quoique à une distance de plus de 7 lieues de la mer : ce puits éprouve aussi une crue subite lors des tempêtes ; l'eau devient quelquefois chaude et savonneuse. Les hauteurs environnantes offrent une belle végétation ; il s'y trouve des carrières de marbre ; la vallée est couverte d'habitations dispersées ; les fruits y viennent en abondance.

On arrive ensuite à *Orduña*, cité, petite ville peu importante, quoique chef-lieu du pays dit le *canton des quatre villes*, située dans une jolie vallée entourée de montagnes très-élevées et couvertes de rochers escarpés. Dans un de ces rochers, appelé *Nervina*, est la source du *Nerviou*. La ville a 3,400 habitants, 2 paroisses, 2 couvents, 5 ermites, un relais : elle était anciennement fortifiée ; elle fut brûlée en 1535 et 1740. Elle est la résidence d'un vicaire général official de l'évêque de *Calahora*. C'est là et à *Valmaseda* que sont établies les douanes pour la sortie de toutes les marchandises qu'on exporte de la Biscaye en Castille. Il y a des sources d'eau salée près du village d'*Arbieto*.

A peu de distance de la ville, on commence à gravir la chaîne principale des *monts Cantabres*, qui forment la séparation entre la *Biscaye* et l'*Alava*. On passe par la fameuse roche de *Orduña*, qui s'étend du nord au sud comme une barrière naturelle pour défendre la contrée. C'est une masse énorme de rochers escarpés, très-élevés, entièrement dépouillés, et que la neige recouvre pendant six mois de l'année.

Au pied de la Cordillière, on trouve *Berbena*, ensuite *Osma*, deux villages peu importants. Un peu plus loin, on aperçoit à gauche, sur la rivière de *Bayas*, le village de *Morillas*, qui fut, en 1812, le théâtre d'un combat très-vif. En approchant de l'*Èbre*, on laisse également à gauche *Salinas de Añana*, qui renferme 1,000 habitants, 2 églises, 2 ermites, un couvent, un hôpital, et où se trouvent des sources salées qui fournissent jusqu'à 60,000 fanègues de sel par an. On rejoint le fleuve à *Puente-lara*, et après deux bonnes heures de marche sur les bords de l'Èbre, à travers un fort beau pays, on arrive à *Miranda*.

ROUTE DE VITTORIA A BILBAO, PAR MURGUIA.

	lieues.		lieues.
Vittoria.			7
Murguia	4	Orozco	2
Bozambio	3	Bilbao	5
	7	Total	14

Le premier village que l'on rencontre est *Arriaga*, qui est assez considérable; on trouve ensuite une chaussée coupée par plusieurs ponts, pour faciliter l'écoulement des eaux de la *Zadorra*. Le chemin à droite conduit à *Gamarra* par la hauteur qui domine la rive gauche de la rivière. Cette position est très-importante; elle a beaucoup contribué au désastre des Français en 1813. On voit ensuite à droite le village d'*Abechueco* sur la montagne du même nom. Une demi-lieue plus loin est un chemin qui va à *Villaréal* par la montagne, en traversant *Leteria*. Après avoir passé le beau village d'*Aranjuez*, on traverse le petit ruisseau de *Mendiguren*, qui vient d'une éminence à droite, où sont quelques maisons. La plaine qui s'étend à gauche est fort belle, parsemée de villages, et arrosée par deux rivières, dont l'une est la *Zalla*, sur laquelle sont situés les villages de *Jurré* et d'*Antezana*.

Après un petit bois, où se trouve une auberge, on aperçoit *Formida* et *Cyriano*; le pays commence à devenir montueux. A droite est le village d'*Apodaca*; à gauche, celui de *Leguardu*, de l'autre côté de la *Zalla*.

Après avoir traversé un petit ruisseau, les hauteurs de droite et de gauche se rapprochent peu à peu, et forment bientôt un défilé fort étroit. A gauche, sur une colline, est le village de *Letona*. Au sortir du défilé, on entre dans une grande vallée entourée de montagnes boisées. On trouve ensuite le village de *Zarteguy*, au débouché d'un immense ravin que la route traverse et qui la rend assez dangereuse. On monte par une pente très-roide l'escarpement qui borde le ravin, et l'on se trouve au point de séparation entre la vallée de la *Zadorra* et celle de la *Bayas*. A gauche est une auberge.

La route descend par une pente rapide dans un vallon qui se resserre de plus en plus. Les montagnes environnantes sont toujours couvertes de belles forêts. A droite, sur un coteau bien cultivé, est *Lazeta*.

On entre dans la vallée de *Bayas*, et l'on arrive à *Murguia*, village assez bien bâti, offrant quelques ressources, sur un petit ruisseau qui se jette dans la *Bayas*. Cette rivière est large, mais guéable presque partout; elle prend sa source à 3 lieues de là dans la haute montagne de *Gorsca*, et se jette dans l'Èbre au-dessus de *Miranda*. Le pays est fertile, il présente surtout de très-bons pâturages. A *Murguia* est joint un autre beau village nommé *Amezaya*. De là on suit la vallée, qui continue à offrir une végétation forte et active. Cette route n'est pas très-ancienne; elle passait auparavant par *Orduña*.

Après un trajet de 2 lieues environ, on monte sur un plateau très-élevé, et dont la surface est très-accidentée. A droite sont de hautes montagnes boisées, dont le sommet est couvert de neiges une partie de l'année. A gauche, s'ouvre une large vallée que le peu de pente rend çà et là marécageuse. Le plateau a près d'une lieue d'étendue. On trouve à l'extrémité une petite auberge auprès d'une belle fontaine en pierre, et on gravit la *Sierra* dépendante des *monts Altubé*, prolongement de la chaîne principale des *monts Cantabres*. La descente, de près de deux heures, est adoucie par les sinuosités de la route. A mi-côte se trouvent deux auberges au milieu d'un terrain tout bouleversé. La vallée est profonde et sillonnée par de nombreux ravins qui s'étendent au loin sur la gauche; à droite s'élèvent de hautes montagnes presque à pic.

Pendant près d'une lieue, la route, taillée dans le flanc des rochers, court au milieu des précipices, tantôt à droite, tantôt à gauche du torrent de *Altubé*, qui se jette plus loin dans le *Nerviou*. En côtoyant ainsi le torrent, on laisse à gauche un chemin qui conduit à une lieue et demie de là, à la petite ville d'*Armurio*; et on arrive au village de *Liorraga*, où se trouve une forge, ensuite à *Bozambio*, à moitié chemin de *Vittoria* à *Bilbao*. Les habitants sont tous occupés au travail des forges; le village offre peu de ressources. Dans les environs, il existe une mine d'étain argentifère, qui n'est point exploitée, bien qu'on la dise très-riche.

A *Berganzo*, assez beau village, se trouvent 4 forges et 2 hauts fourneaux. La route descend de là dans une vallée étroite et profonde, bordée de rochers élevés. Les maisons se succèdent à peu de distance les unes des autres. Après une bonne heure de marche, on arrive à *Orozco*, gros bourg de 2,800 habitants, sur la droite de l'*Altubé*, au confluent de la *Garbia*. On y voit de très-belles forges. Près de là, dans une roche calcaire, est une grotte assez curieuse, connue sous le nom de Grotte de *Sapelegar*. Le vallon et le pied des montagnes offrent une belle culture. La route se resserre ensuite entre deux hautes murailles de rochers, au milieu desquelles coule le torrent. Une lieue plus loin, on voit à droite les restes d'un *alcazar* assez bien conservé, qui servait jadis à défendre la vallée : c'est une tour carrée avec des créneaux et des machicoulis. Bientôt après, on rejoint la route de *Miranda* à *Bilbao*; à l'embranchement est le village d'*Areta*, près du point de jonction de l'*Altubé* et du *Nerviou*, que l'on traverse sur un beau pont. On entre ensuite dans la belle et vaste plaine de Bilbao. Au détour d'une montagne, on découvre tout à coup la ville, où l'on peut se rendre par plusieurs chemins de traverse qui se détachent successivement de la grande route.

ROUTE DE VITTORIA A BILBAO, PAR DURANGO.

	lieues.		lieues.
Vittoria.			5
Luco	2	Durango	5 1/2
Ochandiano	3	Bilbao	4 1/2
	5	Total	15

Le premier village que l'on rencontre est celui de *Gamarra mayor,* où l'on compte 160 habitants. On passe ensuite, en remontant l'*Urquiola,* à *Luco, Villaréal, Ochandiano.* Ce dernier renferme 1,165 habitants, une paroisse, 5 ermites, un hôpital; il s'y trouve une source d'eau minérale.

On franchit ensuite la chaîne des *monts Cantabres,* et l'on descend dans la plaine de *Durango,* où l'on arrive en suivant le ruisseau de *Mañario,* sur lequel est le village du même nom et celui d'*Izurza.*

ROUTE DE BAYONNE A PAMPELUNE, PAR LA VALLÉE DE BASTAN.

	lieues.		lieues.
Bayonne.			10
Añoa	5	Eulate	4
Maya	3	Lanz	1
Elisondo	2	Pampelune	4
	10	Total	19

Au sortir de Bayonne, on laisse la route de *Vittoria* à droite, et l'on se dirige, en remontant la *Nive,* vers la vallée de *Bastan.* On passe à *Añoa,* dernier village français; la limite des deux royaumes est entre ce hameau et *Zugaramardi. Urdax* est plus loin, au pied d'une montagne que l'on franchit pour arriver à *Maya* : là commence la vallée dominée par les *monts Alduides*, et fermée au midi par la grande chaîne des Pyrénées. Près de *Maya* sont les sources de la *Bidassoa*; la population du village est de 507 habitants; les femmes se livrent activement aux travaux des champs; les hommes sont presque tous *arrieros*, quelques-uns sont tisserands. On voit sur un rocher escarpé les restes d'un vieux fort.

Le chef-lieu est *Elisondo*, auquel on parvient après 2 heures de marche; on y voit un assez bel édifice où se réunissent les juntes; sa population est de 1,100 âmes. Il s'y tient 2 foires assez importantes, l'une pendant la semaine de Pâques, l'autre du 20 au 30 octobre : toute la vallée est bien cultivée et très-productive; le cidre qu'on y fait est très-estimé; on y élève de nombreux troupeaux; le maïs est la principale récolte. Toute la population se dit noble, et conserve entre tous une entière égalité. La vallée, sur une longueur de 6 lieues, contient 7,000 habitants et 14 villages, dont les principaux sont : *Borgora, Lecuro, Errazu, Cohaia, Berretua, Irurita* : ce dernier fut, en 1794, le théâtre d'un combat sanglant.

En suivant la Bidassoa, qui change presque entièrement de direction du sud au nord, on trouve dans la vallée de *Lérin* les villages de *San-Estevan*, de *Dona-Maria*, de *Sumbilla*, d'*Aranas* et d'*Echalar*, près duquel, en 1813, il y eut un engagement très-vif entre les Espagnols et les Français en retraite. De là, on rejoint à *Andaye* la grande route de Bayonne.

Pour aller de la vallée de *Bastan* à *Pampelune*,

dès qu'on a passé *Berretua*, on commence à gravir, par un chemin assez difficile, la grande chaîne des Pyrénées, au sommet de laquelle on trouve une misérable auberge, la *venta de Belate*, et par une pente plus douce que la montée, on descend dans un vallon qui conduit aux villages de *Lanz* et d'*Ostiz*, forts chacun d'environ 300 habitants. Ostiz est dans la vallée d'*Odieta*, formée par des coteaux peu élevés et plantés çà et là de vignes et de quelques beaux bois. On suit la petite rivière d'*Ulzama*, qui se jette dans l'*Arga* près de *Pampelune*, et l'on entre bientôt dans le bassin où est située cette place de guerre.

Pampelune, ville fortifiée, capitale de la Navarre, sur une petite éminence dont l'*Arga* baigne le pied, au centre d'une plaine fertile, entourée de montagnes de tous côtés. L'*Arga* prend sa source dans la haute chaîne des Pyrénées, entre la vallée de *Lanz* et celle de *Erro*; elle se réunit à l'*Arragon* près de *Villafranca*. Quelques rapports dans les noms ont fait dire à plusieurs auteurs que la ville de *Pampelune* devait son origine à *Pompée*, mais elle existait bien antérieurement, du temps des *Vascons*, sous le nom de *Pompelon*. Sa situation et ses fortifications en font une place importante; elle est défendue par une citadelle construite sous Philippe II, bâtie sur le roc, et dont un marais profond rend les approches difficiles: cette citadelle est à cinq bastions; elle a une tour d'observation, des casemates, et un grand moulin à bras qui a été souvent fort utile dans les temps de siége.

La ville a 2 chapitres, une église cathédrale, 3 paroisses, 9 couvents, une université, un hôpital, un hospice pour les enfants-trouvés, un théâtre, 2 jeux de paume, un séminaire, plusieurs *posadas*, un grenier d'abondance, une école élémentaire, quelques fabriques peu importantes. Elle est la résidence du capitaine général ou vice-roi ; elle a toujours un gouverneur et une garnison assez nombreuse. C'est le plus ancien évêché de l'Espagne, fondé, dit-on, par *saint Firmin*, au commencement du IIIe siècle ; il est suffragant de l'archevêché de *Burgos*. C'est aussi le lieu où siégent le conseil royal, la chambre des comptes et les états de la province. Les maisons sont assez mal bâties, mais les rues sont bien entretenues. Il y a plusieurs places, dont une très-vaste pour les courses de taureaux. Il se fait très-peu de commerce à *Pampelune*, qui n'offre pas de très-grandes ressources en tout genre. La population est cependant évaluée à près de 15,000 ames. On y fabrique des cuirs, des draps, de la faïence, des cordes de guitare ; il s'y tient, pendant la première quinzaine de juillet, une foire assez forte, où se rendent beaucoup de Français et d'Arragonais. C'est la patrie du brigadier *San-Martin*, qui se distingua dans la guerre de l'indépendance.

La plaine environnante est vaste et dominée au nord par la montagne *San-Cristoval*. A peu de distance de la ville, sur le bord de l'*Arga*, est le couvent de *San-Pedro*. Les villages de *Huarte*, *Villava*, *Burlada*, *Berrioplano*, *Cizur*, *Cordovilla*, *Mutiloa*, offrent d'assez bons cantonnements. On trouve dans les environs une mine de cuivre.

ROUTE DE BAYONNE A PAMPELUNE, PAR TOLOSA.

	lieues.		lieues.
Bayonne.			19
Tolosa.	14	Irurzun.	2 1/2
Lecumberi	5	Pampelune	2 1/2
	19	Total	24

On peut aussi aller de *Bayonne* à *Pampelune* par la route de *Vittoria*, que l'on quitte à *Tolosa*, pour se diriger à l'est vers la *Sierra de Aratar*, en côtoyant la *Lizara*. On traverse *Oreja*, *Arribas;* toute cette route n'est qu'un long défilé entre des rochers élevés et inaccessibles, tellement resserrés qu'ils ne laissent entre eux que l'espace occupé par le chemin et le torrent. A *Betelu*, il y a des eaux minérales assez fréquentées, et plusieurs usines construites depuis quelques années seulement. Au centre de la vallée de *Larraun*, on trouve *Lecumberi*, qui en est le chef-lieu et qui a 400 ames de population. Après avoir franchi la chaîne principale des Pyrénées, on arrive dans le bassin de *Pampelune*, en passant à la *venta de Tasa*, *Irurzun*, la *venta de Gulina* et *Berrioplano*. A *Irurzun* est l'embranchement du chemin qui conduit de *Pampelune* à *Vittoria* par *Salvatierra*.

ROUTE DE PAMPELUNE A SAINT-JEAN-PIED-DE-PORT, PAR RONCEVAUX.

	lieues.		lieues.
Pampelune.			10
Zubiar.	4	Valcarlos	3
Burguette	4	Arnegui	1
Roncevaux	1	Saint-Jean-Pied-de-	
Port de Valcarlos	1	Port	2
	10	Total	16

De *Pampelune* on se dirige sur *Huarte*, *Larasoain*, *Zubiri*, *Zubiar*, par une montée assez douce, à travers un terrain presque inculte, garni seulement de bruyères et d'ajoncs ; cette pente continue et facile se prolonge jusque vers le village de *Burguette*, mais là elle devient plus pénible ; on approche de la haute chaîne des Pyrénées ; les montagnes sont couvertes de riches pâturages ; on laisse à gauche la belle vallée de *Bastan*.

Après *Burguette*, on entre dans une petite plaine célèbre par la tradition (aujourd'hui fort contestée) de la bataille où *Charlemagne* fut défait, et où périt *Roland*, en 778. C'est dans cette plaine que sont situés le village de *Roncevaux*, où se trouvent quelques mauvaises auberges, et la fameuse abbaye de ce nom, dont on ne connaît pas bien la date de la fondation. C'est un ancien monastère de *Saint-Augustin*, sous l'invocation de *Notre-Dame de Roncevaux*. Il fut richement doté par *Sanche-le-Fort*, qui y fut enterré, et qui y avait établi un hospice pour les voyageurs. A deux fortes lieues de là, est *Orbaicete*, où était anciennement une manufacture royale d'armes, qui fut détruite lors de la guerre de 1792; on avait pratiqué un chemin de charrette, à partir de *Roncevaux*, pour y aller par la montagne.

Pour se rendre à Saint-Jean-Pied-de-Port, il faut gravir, pendant environ deux heures, par un chemin souvent très-difficile, le mont *Altobiscar*, le plus élevé de toute cette partie des Pyrénées. On traverse la crête au port de *Valcarlos*, et on descend ensuite vers le village de ce nom, en suivant le torrent qui va se jeter dans la *Nive*, après avoir parcouru la vallée de *Cise*. La ligne frontière des deux royaumes est entre *Valcarlos* et *Arnegui*. Saint-Jean-Pied-de-Port est à 2 lieues environ de ce dernier village.

ROUTE DE PAMPELUNE A TUDELA, PAR TAFALLA.

	lieues.		lieues.
Pampelune.			7
Noain	1	Morillette	2
Barassoain	4	Caparosso	1
Tafalla	1	Valtierra	4
Olite	1	Tudela	3
	7	Total	17

A un quart de lieue de la ville, on traverse le ruisseau de *Montréal*. Plus loin sont deux chemins, l'un, à droite, qui rejoint la route de *Tolosa*, l'autre, à gauche, qui va à *Sanguessa*. On trouve ensuite le village de *Noain*. A peu de distance, sur la droite, est le village d'*Arléguy*, d'où sont amenées, par un bel aqueduc, les eaux nécessaires aux habitants de Pampelune. A gauche, on aperçoit *Olano*, *Thiebas*,

Tirapu, et *Zubiri* sur la montagne. Toute cette vaste plaine est un dépôt d'alluvion et de cailloux roulés.

Après deux bonnes heures de marche, on trouve la *venta de las Campanas*, et celle de *Thiebas*.

A une lieue de là, à la *venta del Piajo*, on entre dans le défilé d'*Olazy*, masqué par un petit bois. Un chemin à droite se dirige sur *Puente la Reyna*, et conduit aussi à *Tafalla* par la montagne. Ce défilé dangereux devint funeste à l'armée française, en 1809. A sa sortie, on trouve la *venta d'Olariz*, et une demi-lieue plus loin, on traverse sur un pont en pierre le *Zidacos*, qui prend sa source au *Montréal*, et se jette dans l'*Arragon*, près de *Caparosso*. Ce ruisseau est peu profond, mais les rives sont escarpées.

Au pied d'un contrefort du *Montréal* sont les villages de *Barossoain* et de *Guenoain*, tous deux assez importants. On traverse de nouveau sur un beau pont le *Zidacos*, qui reçoit de nombreux affluents sur sa rive gauche.

A *Tafalla* (en latin *Tubalia*), on voit encore les débris d'une enceinte et d'un ancien château, bâti dans le xve siècle; ce château fut, à diverses époques, la résidence des rois de Navarre. La ville est jolie et offre quelques ressources. On y arrive par une belle avenue depuis le pont. Sa population est de 5,000 ames à peu près. Le territoire est très-fertile, surtout en vin, qui est assez estimé; c'est là où l'on commence à voir des oliviers. L'air est réputé pour être extrêmement sain. *Tafalla* renferme 2 paroisses, 3 couvents, un hôpital, 4 ermites, un bureau de loterie, un relais, plusieurs distilleries; elle avait anciennement une université.

Après un trajet d'une heure, on arrive à *Olite*, cité, chef-lieu de *merindad*, dans le même bassin toujours aussi fertile, partout couvert d'oliviers, de vignes, de céréales de toute espèce, et parsemé de nombreux villages. La ville est sur une petite éminence qui commande la route, mais elle peut être tournée à droite par la plaine, ou à gauche par la montagne; elle est entourée par une vieille chaussée que l'on peut suivre si on ne veut pas traverser la ville. *Olite* fut aussi la résidence des rois de Navarre, qui y avaient un très-beau château, détruit presque en entier dans la guerre de 1792. Elle a maintenant 2,800 habitants, 2 églises, 2 couvents, 6 ermites. Il s'y tient par an 2 foires, qui ouvrent, l'une, le 15 janvier, l'autre le 30 septembre.

En continuant à marcher sur les bords du *Zidacos*, on voit, au bassin fertile et riant d'*Olite*, succéder peu à peu une plaine monotone, unie et sans culture. Sur la route se trouve une mauvaise auberge : c'est la *venta de Morillette*. A droite, un chemin se dirige sur *Peralta*.

Le sol, en avançant, se couvre de nouveau de vignes, de figuiers, d'oliviers, et l'on atteint les rives de l'*Arragon*, qui se jette dans l'Èbre à *Milagro*, après avoir reçu les eaux du *Zidacos* et de l'*Arga*; il coule avec rapidité; son lit est profond et sablonneux; on le passe sur un beau pont en pierre, après lequel la route se divise en deux branches : l'une remonte la rivière vers *Sanguessa*; l'autre la descend vers *Villafranca*. Le pont, composé de onze arches, fut détruit par les eaux en 1787; il a été refait aux frais de la Navarre.

On voit à gauche une montagne élevée et très-accidentée sur laquelle se trouvent quelques restes de constructions moresques. Les bords de la rivière sont déchirés par une longue suite de ravins parallèles et séparés par des arêtes de rochers secs et nus ; on a trois petits ponts à passer.

Caparosso est situé sur le penchant d'une colline formée d'une sorte de gypse blanchâtre. Ces lieux, bien loin de ressembler aux belles plaines qu'on vient de traverser, n'offrent plus qu'un terrain dépouillé et de l'aspect le plus triste. C'est une espèce d'entonnoir sillonné dans tous les sens par des ravins en grand nombre qui détruisent toute végétation, et dont les eaux s'écoulent par une étroite issue au bas d'un groupe prolongé de rochers sur lesquels sont bâties les maisons. On voit encore quelques débris d'un vieux château et d'une mauvaise muraille. La population est de 1,430 habitants. L'église, isolée et dominant la ville, a servi long-temps de poste avancé aux Français, en 1809. Cette position peut avoir une grande importance militaire. La route de *Tudela*, qui a demandé des travaux considérables, traverse le torrent et monte par une pente rapide sur un plateau assez étendu où l'on élève des taureaux pour les courses. On tire de *Caparosso* du salpêtre de très-bonne qualité.

On a à parcourir, pendant près de trois heures, un sol aride, de l'aspect le plus misérable ; mais on en est dédommagé en approchant de l'*Èbre*, dont le bassin, parsemé de bouquets de bois, et coupé par de nombreux canaux, offre une culture riche et variée. On passe à *Valtierra*, petite ville qui renferme 2 églises, un couvent, 4 ermites, 1,380 habitants. On y voit les restes d'un ancien château et des constructions souterraines qu'on attribue aux Maures. C'est la patrie de *don Manuel de la Peña*, qui commandait à la bataille de *Chiclana*, et se distingua dans la guerre de l'indépendance. On y fabrique du salpêtre et du savon. Sur le territoire se trouve une belle mine de sel gemme, exploitée depuis très-long-temps, et dont les galeries sous terre sont curieuses à voir.

En côtoyant les bords du fleuve, on passe à *Aguedas*, et on arrive à *Tudela*, seconde ville de la Navarre, cité, chef-lieu de *merindad*, ville épiscopale, dans une belle position sur la rive droite de l'Èbre, au confluent de ce fleuve et du *Queilas*. Le territoire est très-productif; on y élève beaucoup de moutons. La ville est assez commerçante et assez bien bâtie; elle est entourée de jolies promenades. Sa population est de 8,000 habitants. On y trouve des traces nombreuses du séjour des Maures, des inscriptions, des restes de bains et de constructions diverses. Ce fut le lieu de naissance du poète arabe *Abrahim*, et de plusieurs personnages illustres dans les lettres ou dans les armes. Le pont sur l'Èbre, de dix-sept arches, orné de trois tours, est digne d'être remarqué. A peu de distance commence le canal d'Arragon, dont l'étendue est de 100 lieues environ; la prise d'eau est à *Fontellas*. *Tudela*, dont le nom est d'origine arabe, possède une cathédrale, 3 paroisses, 10 couvents, un hôpital, un hospice pour les enfants-trouvés, une université, un collége, plusieurs écoles, une ancienne société économique, des relais, des bureaux de poste, de loterie, 6 fontaines, des canaux souterrains pour la conduite des eaux, plusieurs fabriques, des distilleries. Il s'y tient par an 2 foires importantes, qui s'ouvrent l'une le 21 mars, l'autre le 21 juillet, et qui durent une vingtaine de jours. On compte 18 lieues de *Sarragosse*, 56 de *Madrid*. En 1808, le 13 novembre, Napoléon en personne livra bataille, sous les murs de la ville, aux Espagnols commandés par le général *Castaños*, qui, de là, fit une belle retraite sur *Sarragosse*.

La frontière de la Castille n'est qu'à 3 lieues de là. Sur la rivière d'*Alhama* on trouve la petite ville de *Corella*, où se confectionne le jus de réglisse, objet d'un commerce particulier.

ROUTE DE PAMPELUNE A SANGUESSA.

	lieues.		lieues.
Pampelune.			3
Gongora	2	Lumbier	2 1/2
Montréal	1	Sanguessa	1 1/2
	3	Total	7

Pour aller de *Pampelune* en Arragon on passe par *Sanguessa* ; on laisse le chemin de *Tafalla* au village de *Noain*, et on se dirige sur *Gongora* et *Montréal* ; à peu de distance est une source d'eau salée au village de *Salinas*, où l'on voit les restes d'une ancienne église des Templiers. On trouve ensuite *Lumbier*, gros bourg, dans la vallée de *Aibar*, sur un mamelon, à la jonction de l'*Irati* et du *Salazar*, qui placent la ville dans une espèce d'île, et en rendent la position très-avantageuse. Elle était défendue par une enceinte fortifiée dont on voit encore 4 portes. Il y a dans la ville 2,190 habitants, une église, un couvent, un hôpital, 6 ermites. Il s'y tient une foire à la fin de mai ; il s'y fait un peu de commerce. Le territoire est assez fertile.

Sanguessa, en latin *Suessa*, cité, chef-lieu de

merindad, sur la rive gauche de l'*Arragon*, renferme 4 églises, 4 couvents, 3 ermites, un bureau de loterie, un relais, quelques distilleries. La population est de 3,293 habitants; on y trouve quelques antiquités romaines. En 1787, une forte inondation détruisit la plus grande partie des maisons, qui ont été rebâties dans une position plus élevée au-dessus des eaux. De là on va directement à *Jaca*. Un autre chemin rejoint celui de *Tudela* près de *Caparosso*, en côtoyant presque constamment la rivière.

A une lieue nord-est de Sanguessa est le bourg de *Xavier*, patrie du saint, grand apôtre des Indes. Un peu plus loin, sur l'autre rive de l'*Arragon*, se trouve la belle abbaye de *San-Salvador*, près du confluent de l'*Ezca*. En remontant cette petite rivière, on arrive à *Roncal*, chef-lieu de la vallée de ce nom, au pied de la montagne *Urzainque* couverte de riches pâturages. Tous les habitants de la vallée sont nobles comme dans celle de Bastan; ils élèvent de nombreux troupeaux.

ROUTE DE PAMPELUNE A LOGROÑO PAR ESTELLA.

	lieues.		lieues.
Pampelune.			7 1/2
Cizur	1	Los Arcos	3
Puente-la-Reina	3	Viana	3
Cirauqui	1	Logroño	1
Estella	2 1/2	Total	14 1/2
	7 1/2		

On passe par les villages de *Cizur*, *Astrain*, *Legarda*, et l'on arrive à *Puente-la-Reina*, dans la vallée de l'*Ilzarba*, à la jonction du *Robo* et de l'*Arga*. La ville a 2 paroisses, 3 couvents, un relais, un bureau de loterie, 3,645 habitants, quelques distilleries. Une foire s'y tient le 18 septembre. Le territoire produit du vin rouge, léger et assez estimé, quoiqu'on préfère généralement en Espagne celui qui est fort en couleur. Un chemin conduit de là à *Tafalla*, en passant par *Artajona*.

Sur la rive gauche du *Salado*, dans la vallée de *Mañeru*, on traverse le bourg de *Cirauqui*, dont la population est de 1,600 ames. Près de là, au village de *Salinas de Oro*, il existe plusieurs sources d'eau salée et un puits assez profond d'où l'eau est amenée par des canaux pour l'extraction du sel.

A deux bonnes heures de marche de Cirauqui, est la cité d'*Estella*, chef-lieu de *merindad*, dans une belle vallée, très-fertile, plantée de vignes et d'oliviers, arrosée par l'*Ega*, qui prend sa source près de *Salvatierra*, et se jette dans l'*Èbre*, à *Azagra*. La ville renferme 6 églises, 7 couvents, un hôpital, un ermite, un relais, un bureau de loterie, une université, plusieurs fabriques. Il y règne une industrie assez variée. On voit les restes d'une forteresse sur un rocher escarpé. Les environs offrent beaucoup de gibier.

Après *Los-Arcos*, on passe à *Viana*, petite ville, autrefois fortifiée, contenant 2 paroisses, 3 couvents, une belle place pour les courses. La population est de 3,315 habitants. Il s'y tient une foire du 20 au 30 juillet. La ville est sur une colline, d'où l'on a une vue fort étendue et très-belle. C'était une ancienne principauté. Logroño est à une heure de distance.

ROUTE DE PAMPELUNE A VITTORIA PAR SALVATIERRA.

	lieues.		lieues.
Pampelune.			11 1/2
Irurzun	3	Genvara	2 1/2
Aranaz	3 1/2	Vittoria	2 1/2
Salvatierra	5	Total	15 1/2
	11 1/2		

On suit la route de *Tolosa* jusqu'au village d'*Irurzun*, et de là, en remontant l'*Araquil*, dans la vallée de *Borunda*, qui s'étend au pied de la haute chaîne des *monts Cantabres*, on passe à *Jabar*, Huarte-Araquil, ancienne cité jadis fortifiée, chef-lieu de la vallée, à *Aranaz*, village d'un abord très-difficile, et après *Alsasna*, on arrive à *Salvatierra*, cité dépendante de la province d'*Alava*, dont on a trouvé la limite une forte lieue auparavant. La ville, où l'on voit un castel et une vieille enceinte, a 2 paroisses, un couvent, 8 ermites, 1556 habitants. Le territoire offre une très-belle culture; on y élève de superbes troupeaux. La vallée est cernée de tous côtés par de hautes montagnes qui donnent naissance, dans toutes les directions, à de nombreux cours d'eau. On y trouve les sources de l'*Araquil*, de l'*Ega*, de l'*Aya*, de la *Zadorra*. Depuis la route de *Tolosa*, le chemin est assez mauvais, et même impraticable sur plusieurs points pendant une partie de l'hiver; il est en meilleur état de *Salvatierra* à *Vittoria*, où l'on parvient après avoir traversé les beaux villages de *Genvara* et *Haranza*.

ROUTE DE PAMPELUNE A VITTORIA, PAR CAPAROSSO, CALAHORRA ET LOGROÑO.

	lieues.		lieues.
Pampelune.			28
Caparosso	11	Logroño	2 1/2
Peralta	3	La Guardia	4
Azagra	5	Peña-Cerrada	4
Calahorra	2	Trevino	2
Monteagudo	4	Vittoria	3
Agoneillo	3	Total	43 1/2
	28		

La route de *Pampelune* à *Caparosso* a déjà été décrite. Pour aller à *Peralta*, on peut passer par *Villafranca* ou par le gros bourg de *Marcilla*, de l'autre côté de l'*Arragon*. On remonte ensuite l'*Arga*, que l'on traverse sur un beau pont en pierre.

Peralta est située sur le penchant d'un coteau assez élevé, où était un vieux château qui dominait et défendait la ville. On y compte 3,968 habitants, une paroisse, un couvent, 6 ermites, un hôpital, quelques distilleries. On y élève beaucoup d'abeilles; on y fait des vins cuits très-renommés, dans le genre de ceux de *Xerès*, et qu'on appelle vins de *Rancio*.

Le chemin au nord, remontant l'*Arga*, conduit à *Puente-la-Reina*, en passant par *Falces*, *Miranda* et *Mendigorria*; celui qui se dirige au sud mène à *Funes* et *Milagro*.

La route d'*Azagra* traverse une plaine vaste mais peu fertile et très-peu habitée. On passe au pied d'un monticule où se trouvent les ruines d'un vieux château, et on suit une pente assez rapide, dans un passage étroit, avant d'arriver à *Azagra*.

Le bourg est au pied de la descente; il est peu important. Au centre est une vaste place, à laquelle aboutissent les chemins de *Milagro* et d'*Andosilla*. D'*Azagra* on se dirige vers l'*Èbre* par la vallée d'*Utra* ; cette vallée est bien cultivée et coupée par de nombreux canaux. On traverse le fleuve sur un bac, et on arrive bientôt après à *Calahorra*, sur le territoire de la province de *Soria*, dans la *Vieille-Castille*.

Calahorra, jolie petite ville, construite en amphithéâtre sur le penchant d'un coteau qui domine tous les environs ; elle a un évêché, 3 paroisses, 4 couvents, un séminaire, un hôpital, un hospice pour les enfants trouvés, un grenier d'abondance, un relais, des bureaux de douane et de loterie, plusieurs posadas; la population est de 6,185 habitants. C'est le point de communication entre le Haut et le Bas-Èbre, ce qui en fait une position assez importante; elle est entourée d'une vieille muraille; les Romains y avaient fait de grands travaux, dont on trouve encore quelques vestiges, entre autres, des restes d'arènes et d'une naumachie. *Calahorra* est l'ancienne *Calaguris*, dont la prise, l'an de Rome 682, après un carnage horrible, détermina la soumission de l'Espagne entière. Elle vit naître *Quintilien*. Le territoire est de la plus grande fertilité; on y recueille une assez grande quantité de vin, dont on fait de très-bonne eau-de-vie. Le 31 août, il se tient dans la ville une foire qui dure plusieurs jours. A une lieue de distance est le bourg de *Saint-Adrien*, où l'on se rend par un très-beau chemin, bordé, dans toute son étendue, de jolies habitations et de jardins bien entretenus.

On sort par une porte de la ville haute, et l'on côtoie presque continuellement l'Èbre. Avant d'arriver à *Ansejo*, il faut passer, entre deux montagnes escarpées, par un défilé assez dangereux ; on aperçoit ensuite de beaux coteaux couverts de vignes, mais la plaine que l'on parcourt est stérile et presque inhabitée ; on n'y trouve, à moitié chemin, entre *Calahorra* et *Logroño*, qu'une mauvaise auberge, la V^{ta} *de las Tamarinas*. La route est souvent coupée par des ravins qui la dégradent entièrement, et resserrée dans des passages étroits et difficiles. En approchant du beau village d'*Agoncillo*, on entre dans un vaste bassin limité par le fleuve et traversé par la *Yubera*. Le pays présente une belle culture jusqu'à la V^{ta} *de Ponce*, misérable auberge entourée de vignes et d'oliviers, et dont les abords ne sont pas faciles. Là, le chemin se divise en deux branches, qui conduisent également à *Logroño ;* celui de droite mène à *Barca*, et longe l'Èbre après l'*Iregua*, que l'on passe à gué ; celui de gauche remonte cette petite rivière jusqu'à *Mila-Mediana*, gros bourg, sur une colline, dans un terrain fertile.

Au milieu d'une belle plaine couverte de plantations et de jardins, arrosée par une multitude de canaux d'irrigation, se trouve *Logroño*, *Juliobrica* du temps des Romains. La ville, entourée d'une mauvaise muraille, possède 5 paroisses, une collégiale, 8 couvents, 2 hospices, un collége, une belle promenade, dite *de los Muros*. La population est de 8,210 habitants. Le pont sur l'*Èbre* est très-beau; au milieu il y a une vieille tour qui sert de limite pour l'octroi. La principale industrie de la ville consiste en toiles, draperies, lainage et eau-de-vie. Elle a vu naître le cardinal *don Jose Saenz de Aguirre*, mort en 1699; *Navarette el Mudo*, peintre célèbre sous Philippe II; *Lopez de Zarate*, poète sous Philippe IV. *Logroño* et la plaine qui l'environne ont été le théâtre de nombreux combats; c'est le point central de plusieurs routes venant de *Madrid*, de *Vittoria*, de *Pampelune*, de *Calahorra*, de *Miranda*. Depuis *Logroño* jusqu'à cette dernière ville, s'étend le canton de la *Rioja*, renommé par le vin qu'il produit; ce vin est épais, fort en couleur et très-estimé en Espagne.

Après avoir passé le pont qui se trouve au point de séparation entre la *Castille*, la *Navarre* et l'*Alava*, on laisse à droite le chemin de *Viana* et celui d'*Oyon*, ancienne route de Vittoria, maintenant impraticable, et, sans s'écarter beaucoup du bord de l'Èbre, on se dirige sur la *Guardia*, en traversant un pays peu fertile, sablonneux, très-accidenté et couvert, en s'avançant, de vastes lagunes. La route a plusieurs défilés à franchir, et est coupée par plusieurs ravins.

La *Guardia*, petite ville, est située au pied des *monts Cantabres*, sur un mamelon qui domine tout le plateau environnant, et se détache de la *Sierra de Coloña*, d'où viennent les eaux de la ville. Elle a 2 paroisses, un couvent, 4 ermites, 2,250 habitants. Elle est entourée d'une forte muraille bastionnée, avec un réduit du côté du nord, où se trouvent une grosse tour et une citerne; elle commande avantageusement la route de *Logroño* à *Vittoria*. Sa position sur la frontière de trois provinces en fit pendant long-temps une place importante. Elle est la patrie de *don Felix-Maria Samaniago*, mort en 1801, qui cultiva avec succès les arts et la littérature. Tout le sol environnant est en terrain d'alluvion, assez bien cultivé et planté généralement en vignes du même crû que celui de la *Rioja*.

La route de *Vittoria* se dirige, au nord-est, vers l'ermitage de *Leza*, près du village du même nom, à gauche du chemin, et, après avoir décrit une multitude de circuits au milieu des rochers et des précipices, passe au bas d'une montagne où est situé le village de *San-Maniego*. On laisse à gauche le chemin de la *Rioja*, qui traverse l'Èbre sur un beau pont, et après avoir gravi, pendant près de 3 heures et demie, par une pente ménagée avec intelligence, mais souvent très-roide, tout le flanc méridional de la *Sierra de Coloña*, on parvient à son sommet, que l'on franchit par un passage naturel entre deux énormes rochers; et là se découvre une des vues les plus belles que l'on puisse imaginer. La vaste plaine que l'on voit sillonnée par l'Èbre, sur une étendue de plus de dix lieues, offre partout une culture et une végétation magnifiques; on y aperçoit plusieurs villes et plus de 200 villages. Ce riche bassin est admirablement encadré par les hautes montagnes qui l'environnent, couronnées de rochers escarpés et couvertes de bois sombres et épais. La route descend en serpentant sur le revers de la chaîne *Cantabrique*, et bientôt on voit *Peñacerrada*, dans un terrain pierreux et découvert, à l'extrémité de la *Sierra de Andia*, dépendante de la *Sierra de Coloña*.

Le bourg de *Peñacerrada* possède une église remarquable, 4 ermites, une école, une source ferrugineuse; on y compte 368 habitants. On trouve, dans les environs, des mines de fer, des carrières de marbre, beaucoup de plantes médicinales. Un ruisseau, qui vient de la *Sierra de Coloña*, forme une belle cascade, et fait marcher plusieurs usines. Au village de *Paqueta*, distant d'une demi-lieue, il y a 2 forges et un haut fourneau.

On se dirige ensuite, par des vallées étroites et profondes, sur *Trevino*, où l'on traverse l'*Aya*, qui prend sa source près de *Salvatierra*, et se réunit à la *Zadorra*, à peu de distance de l'Èbre; comme elle a peu de pente, elle forme des marais aux environs de *Trevino*.

La route tourne à droite pour joindre le village d'*Osñano*, après lequel on trouve un défilé, puis une côte assez rapide, que l'on descend pour entrer dans une vallée très-resserrée, qui s'élargit ensuite, et débouche dans la plaine de *Vittoria*, où l'on trouve les beaux villages de *Guardaleguy* et d'*Arechabeleta*, avant d'arriver à la ville.

ROUTE DE LOGROÑO A CAPAROSSO, PAR LERIN.

	lieues.		lieues.
Logroño.			5
Viana	1 1/2	Lerin	1 1/2
Mendavia	2	Peralta	4
Sesma	1 1/2	Caparosso	3
	5	Total	13 1/2

Ce chemin est maintenant très-peu fréquenté et en fort mauvais état. En partant de *Logroño*, on laisse à gauche le chemin du bourg d'*Oyon*, la seule commune de la province d'*Alava* qui fasse partie du diocèse de *Pampelune*. *Oyon* renferme une paroisse, 3 ermites, 626 habitants. Il est au pied de la grande Cordilière qui sépare les deux provinces.

On entre sur le territoire de la *Navarre*, où l'on trouve la petite ville de *Viana*, ensuite le village de *Armananzas*, et on passe près de *Los Arcos*, anciennement fortifié, pour arriver à *Mendavia*, qui a 1,830 habitants, 3 paroisses, un hôpital. Ce fut sous les murs de cette ancienne forteresse que fut tué, en 1507, par le connétable de *Navarre*, le second fils du pape *Alexandre VI*, *César Borgia*, qui avait voulu s'emparer de tous les châteaux forts de la contrée.

Dans une jolie position, d'où l'on a une très-belle vue, s'élève le bourg de *Sesma*, qui renferme 1,450 habitants; de là on aperçoit, sur les bords de l'Èbre, les murs de *Lodosa*, petite ville qui compte 3,277 habitants, 2 paroisses, 3 ermites, 2 écoles élémentaires. Le climat passe pour très-sain. A quelque distance, à *Calderin*, il y a une source minérale ferrugineuse.

De l'autre côté de l'*Ega* on trouve *Lérin*, chef-lieu de la vallée. La ville renferme 2 églises, 2 couvents, un hôpital, 3 ermites, 2,512 habitants. Elle existait du temps des Romains, sous le nom d'*Ituriza;* elle devint ensuite une petite principauté ; on voit encore, dans une des deux églises, quelques tombeaux des anciens comtes; on voit aussi leur ancien palais, qui appartient maintenant au duc d'*Albe.* Il y a dans les environs un puits d'eau salée et une source d'eau sulfureuse.

On va de *Lérin* à *Peralta* par un chemin assez difficile, et de *Peralta* à *Caparosso*, en suivant une route déja décrite.

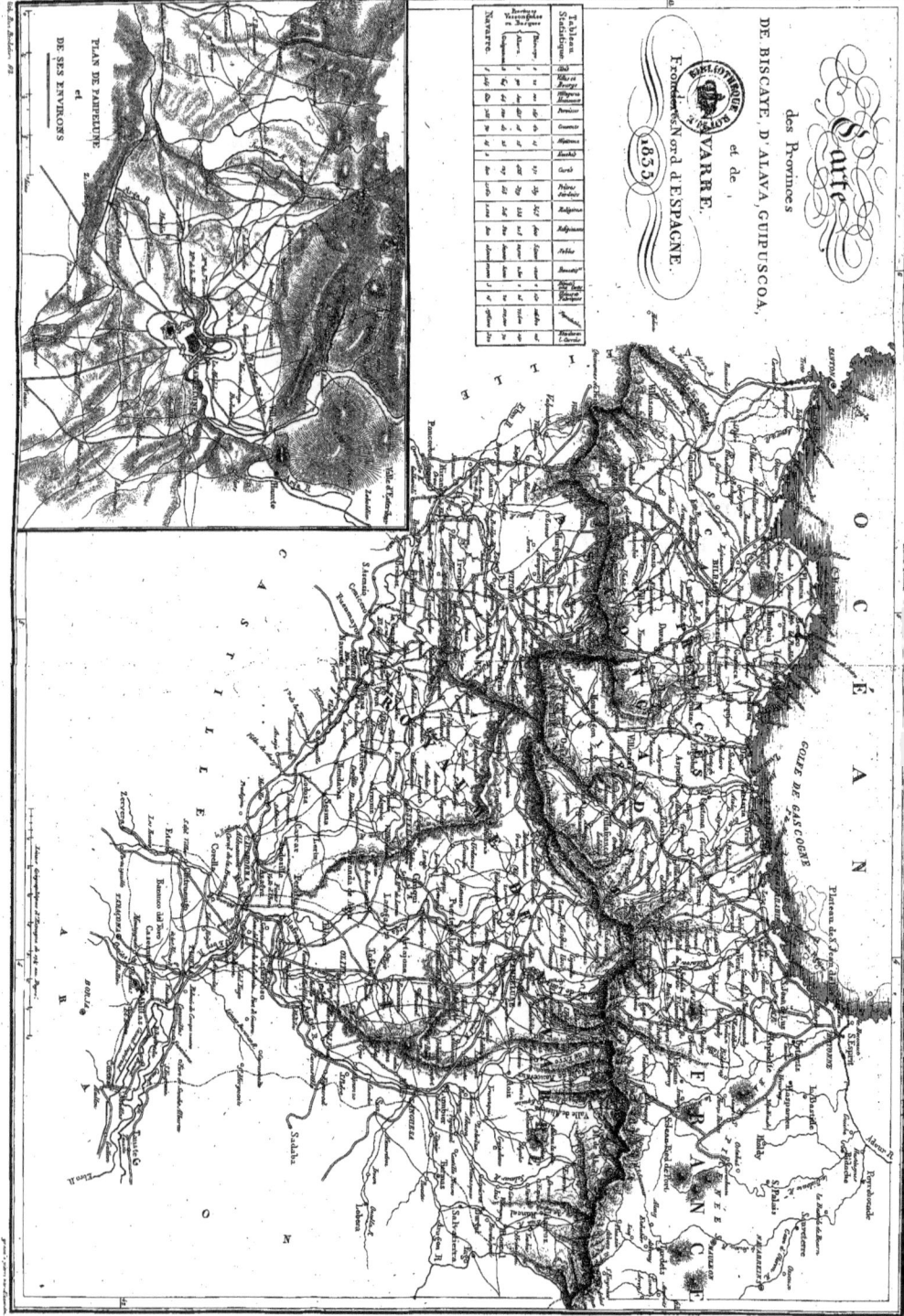

CHAPITRE VII.

RELEVÉ STATISTIQUE.

L'IMPORTANCE d'un pareil tableau est facile à saisir. Les chiffres ont une éloquence toute positive, et qui pourrait tenir lieu souvent de toute autre explication écrite; mais, pour les poser avec régularité et certitude, il faut un long travail, des études spéciales, des documents suffisants et authentiques; conditions qui n'ont pu être remplies ici comme il eût été nécessaire. Cet état sommaire n'a donc d'autre but que de donner sur la statistique de la Péninsule quelques aperçus généraux et approximatifs, comme complément de l'esquisse rapide à laquelle ils font suite. Cependant ces états sont extraits, avec le plus de soin possible, des ouvrages les plus estimés sur ces matières, et de notes fournies par des Espagnols instruits et véridiques. En tenant compte des difficultés, de la *presque impossibilité* d'un travail de ce genre, exact et complet, on ne sera pas surpris des nombreuses lacunes que présentent les relevés des dernières années. Pour y suppléer, une première colonne offre le résumé des recensements opérés et des tableaux dressés à des époques antérieures. Ces deux colonnes peuvent ainsi servir de supplément et de correctif l'une à l'autre. Les ouvrages qui ont été le plus souvent consultés et qui contiennent des détails pleins d'intérêt et trop étendus pour trouver place dans cet abrégé, sont : le Voyage en Espagne de *Townsend*, l'Itinéraire de M. le comte de *La Borde*, le Dictionnaire espagnol de *Miñano*, et la Statistique de M. *Moreau de Jonnès*.

TERRITOIRE.

Superficie totale[1] en lieues carrées communes....	18,703 [2]
Idem — en hectares.................	37,406,000
Étendue du nord au sud, du cap *Ortégal* à *Gibraltar*........................... (lieues commun.)	190
Idem de l'est à l'ouest, du cap *Finistère* au cap *Creus*. Plus grande longueur..........	220
Moins grande largeur, de *Valence* au *Portugal*..	128
Frontières maritimes.......................	600
Côtes de la Méditerranée..................	315
Id. de l'Océan........................	285
Frontières de France.....................	90
Diamètre moyen........................	200
Périmètre.............................	900 [3]

[1] Pour l'Espagne seulement, les *Iles Baléares* ont 187 lieues carrées communes de surface.

[2] Ou 25,000 lieues carrées de 25 au degré, en comprenant le Portugal et l'Espagne. Toutes les statistiques présentent, sur l'évaluation du territoire espagnol, d'assez grandes différences, provenant de l'insuffisance des documents, de la variété des mesures, et de la séparation ou de la réunion des îles.

[3] Avec tout le développement des frontières.

RELEVÉ STATISTIQUE.

HAUTEURS PRINCIPALES.

	mètres.
Mulhacen (Sierra Nevada)	3,598
Picacho de Veleta	3,515
Maladetta (Pyrénées)	3,460
Limite des neiges permanentes	3,000 [1]

HAUTS-LIEUX HABITÉS.

	mètres.
La ville de Ronda	1,460
Monserrat	1,238
Palais de l'Escurial	1,027

DIVISION TERRITORIALE.

	en 1788.	en 1830.
Pâtures et communaux	les 3/5	la 1/2
Montagnes, terrains stériles	le 1/6	»
Culture et jachères	le 1/4	»
Terres arables [2]	le 1/9	les 2/7
Bois [3]	le 1/12	»

Il y a 10 fleuves principaux présentant dans leurs cours un développement de 870 lieues.

CLASSEMENT DE LA POPULATION.

	en 1788.	en 1830.
Population générale [4]	12,000,000	14,100,000
Hommes disponibles	2,582,000	3,500,000
Clergé	209,000	160,000
Nobles	478,000	414,200 [5]

---

[1] Dans le centre de l'Espagne. Elle n'est qu'à 2,830 mètres dans les Pyrénées.

[2] Depuis une quarantaine d'années, le domaine agricole s'est accru de près de moitié.

[3] L'Espagne est un des pays de l'Europe le plus dégarnis de bois.

[4] Sans comprendre les *Iles Baléares*.

[5] Ce nombre triplé, pour comprendre les femmes et les enfants, donne 1,242,600 individus formant la classe noble.

L'ESPAGNE.

	en 1788.	en 1830.
Armée de terre	155,000	65,000
Milices	nombre indéterminé.	
Marine	101,000	gr. réduction.
Étudiants	47,000	29,000 [1]
Agriculteurs	7,600,000	8,700,000
Industriels	1,300,000	2,200,000
Prolétaires	660,000	diminué.
Propriétaires fonciers	1,560,000	accru.
Employés civils et militaires	340,000	réduit.
Bourgeois	1,560,000	de même.
Habitants des villes	2,032,000	2,532,000
Habitants des campagnes	8,000,000	11,500,000
Pécheurs	16,000	

ÉTAT PARTICULIER DU CLERGÉ.

Archevêques	8	8
Évêques résidants	44	44
Évêques *in partibus*	7	7
Dignitaires	700	650
Chanoines	1,700	2,300
Curés	22,268	19,480
Chapelains, Assistants, Sacristains, Acolytes et autres, avec ou sans bénéfices	72,300	50,000
Ermites	1,500	1,300
Inquisiteurs	8,000	n'exist. plus.
Religieux	69,000	50,000
Religieuses	32,000	27,000
Chapitres de cathédrales	58	61
Id. de collégiales	117	114
Paroisses	20,000	18,972

---

[1] Sans comprendre les jeunes gens élevés dans les couvents et les séminaires, ce qui peut augmenter ce chiffre d'un tiers en sus. En évaluant le nombre des enfants au 10ᵉ de la population, on n'en trouve que 1 sur 35 allant dans les écoles, ou 1 sur 7, en limitant l'instruction publique aux enfants des hidalgos et des bourgeois seulement.

RELEVÉ STATISTIQUE.

	en 1788.	en 1830.
Couvents d'hommes [1]	2,050	1,925
Id. de femmes	1,081	1,075
Commanderies des 4 ordres militair.	193	»
Abbayes d'hommes	23	»
Id. de femmes	2	2

RÉCAPITULATION.

	en 1788.	en 1830.
Clergé séculier	90,459	70,000
Serviteurs des églises	15,000	13,000
Religieux et Religieuses	101,000	77,000
	207,459	160,000

En 1740........ 250,000 ecclésiastiques.... 1 sur 36 hab.
En 1788........ 207,000   id.   .... 1 sur 57
En 1830........ 160,000   id.   .... 1 sur 87 [2]

ÉTAT DE LA NOBLESSE.

	en 1788.	en 1830.
Grands d'Espagne divisés en 3 classes.	119	130
Titrés de Castille	535	1,100
Nobles ou hidalgos	478,000	413,000
	478,654	414,230 [3]

En 1723, on comptait 1 noble sur 12 hab.
En 1788,   —   1   sur 26
En 1830,   —   1   sur 33

| Ordres royaux | 7 | 8 |
| Ordres royaux et militaires | 4 | 6 |

---

[1] Les derniers réglements portent que tous ceux qui réuniront moins de 12 religieux, seront supprimés. Il y en a près de 800 dans ce cas-là.

[2] En France, le rapport est de 1 à 280.
En Angleterre,   de 1 à 350.

[3] Sans compter les femmes et les enfants. En évaluant chaque famille noble à 3 personnes, on a 1,242,000, le onzième à peu près du total de la population.

ÉTAT DE L'ARMÉE DE TERRE.

	en 1788.	en 1834.
Capitaines généraux	8	11
Officiers généraux	552	»
Inspecteurs généraux	6	»
Administrateurs d'armée	134	»
Maison militaire du roi	10,000	6,000
Infanterie	78,504	48,000
Cavalerie	12,421	10,000
Artillerie et génie	4,948	6,000
Invalides actifs ou non	5,189	»
Milices provinciales	23,700)	nombre
Id. urbaines	9,680)	indéterminé [1]
Bouches à feu	»	6,000

RELEVÉ COMPARATIF.

En 1760...... 90,000 hommes [2]...... 1 sur 100 habitants.
En 1788......120,000 .... 1 sur 90
En 1808......117,000 .... 1 sur 85
En 1828...... 83,000 .... 1 sur 164
En 1834...... 70,000 .... 1 sur 200

---

[1] La milice provinciale (espèce de *landwehr* prussienne) est forte d'environ 30,000 hommes. La milice urbaine (qui se rapproche davantage de la garde nationale française, avec un cens contributif pour être admis, et un cens plus fort pour être officier) n'est point encore entièrement organisée. Sous Ferdinand VII, elle s'élevait à 280,000 hommes, sous le nom de *volontaires royalistes*. On l'évalue aujourd'hui à 300,000, dont 90,000 sont déjà régularisés. On porte à 1,400,000 le nombre de citoyens qu'on pourrait armer parmi les célibataires disponibles.

[2] D'armée régulière seulement, sans tenir compte des milices. Le rapport des militaires à la population est en France de 1 sur 105 habitants.

En Angleterre de 1 sur 250.

ÉTAT DE LA MARINE.

	en 1795.	en 1834.
Capitaines généraux	2	
Officiers généraux	117	
Officiers de marine	1,312	
Cadets	400	
Administrateurs	470	Réduction considérable.
Artillerie et Génie	2,700	
Soldats de marine	12,000	
Marins	64,000	
Services des ports	20,000	
	101,000	

	en 1808.	en 1834.
Vaisseaux de ligne	42	
Frégates	30	
Corvettes, Canonnières et autres	186	Réduits à un très-petit nombre.
Total, dont les 2 tiers armés	258	
Vaisseaux marchands	300	

AGRICULTEURS.

	en 1826.	en 1834.
Propriétaires cultivateurs	360,000	
Fermiers	700,000	Nombres accrus proportionnellement à la population générale.
Journaliers	1,000,000	
Bergers de la Mesta [1]	50,000	
Autres Bergers	30,000	
Total des chefs de famille	2,140,000 [2]	

---

[1] Soumis aujourd'hui à la discussion des cortès.

[2] En multipliant ce chiffre par 4, pour comprendre les femmes et les enfants, on a 8,680,000 individus, un peu moins des deux tiers de la population.

PROPRIÉTAIRES FONCIERS.

	en 1826.	en 1834.
Noblesse titrée	1,230	
Clergé	33,000	
Propriétaires cultivateurs	360,000	
Total	394,230	
Propriétaires de troupeaux	30,000	
	424,230 [1]	

INDUSTRIELS.

Artistes	6,000	
Négociants en gros	7,000	Augmentation.
Marchands en détail	19,000	
Manufacturiers et Artisans	490,000	
Total des chefs de famille	522,000 [2]	

PROLÉTAIRES.

	en 1795.	
Contrebandiers	100,000	
Vagabonds	150,000	
Domestiques	269,000	Réductions.
Douaniers	40,000	
Familiers de l'inquisition	18,000	
Pâtres	80,000	
	657,000	
Rapport à la population	1 sur 21	

---

[1] Ou 1,560,000, y compris les familles entières; ce qui donne, par rapport à la population totale, 1 sur 8, en ne tenant pas compte du clergé. En France, le rapport est de 1 sur 2, en Angleterre de 1 sur 100; le terme moyen pour l'Europe entière est de 1 sur 7.

[2] Le total de la population industrielle peut être évalué à 2,200,000 individus, 1 sur 7 habitants environ.

FONCTIONS CIVILES.

	en 1826.	en 1834.
Avocats et Magistrats.............	5,900	A peu près de même.
Notaires.......................	9,000	
Procureurs.....................	12,000	
Médecins, Chirurgiens, Apothicaires.	17,000	
Employés......................	28,000	Devant être bientôt soumis à une réorganisation.
Corrégidors	350	
Alcaldes (1 par peuplade environ).		

Députés en 1821, non compris 54 suppléants.... 149
    Dans le rapport de 1 sur 93,000 hab. environ.
Nombre total des députés actuels............. 188
    Dans le rapport de 1 sur 75,000 habitants.

TABLEAU COMPARATIF DE LA POPULATION[1],
A DIVERSES ÉPOQUES.

Sous les Romains.... 30,000,000....2,135 hab. par lieue carr.
Sous les Maures..... 18,000,000.... 962 id. id.
En 1723............ 7,925,000.... 424 id. id.
En 1788............ 10,280,000.... 550 id. id.
En 1803............ 10,351,000.... 554 id. id.
En 1826............ 13,712,000.... 730 id. id.
En 1834............ 14,400,000 [2].. 750 id. id.

---

[1] Sans comprendre les *Iles Baléares*, dont la population est aujourd'hui de 250,000 habitants.

La population des colonies actuelles est d'environ 3,850,000 ames. La superficie est évaluée à 19,000 lieues, ce qui ne ferait que 300 habitants par lieue carrée.

[2] L'accroissement progressif de la population a été très-accéléré depuis 1803. Le terme moyen des naissances est évalué à 530,000; celui des décès à 420,000. Ce qui donnerait un accroissement annuel de 110,000.

CLASSEMENT DES LIEUX HABITÉS.

	en 1795.	en 1830.
Cités	145	
Villes et Bourgs	4,572	Augmentation proportionnelle à celle de la population [1].
Villages	12,732	
Hameaux	10,500	
Maisons isolées	28,000	
Total des maisons [2]	1,949,000	

Ces chiffres donnent une ville ou un bourg par 4 lieues 1/2 carr.
— — un village ou hameau par 3/4 de lieue carr.

ÉTABLISSEMENTS PUBLICS.

	en 1803.	en 1830.
Gouvernements civils et militaires	11	
Audiences royales ou chancelleries	7	
Hôpitaux	2,230	
Hospices	106	
Maisons de pauvres	7,080	
Universités	24	
Collèges	168	
Écoles [3]	380	
Académies	15	Quelques-uns de ces nombres ont subi diverses modifications, que le manque de renseignements empêche de préciser.
Écoles militaires	4	
Id. d'artillerie	2	
Id. de marine	6	
Id. de pilotage	14	
Id. de médecine	3	
Id. de chirurgie	3	
Sociétés économiques	61	
Bibliothèques publiques	20	
Jardins de botanique	3	
Museum	1	
Prisons	5,800	
Maisons d'enfants trouvés	67	
Manufactures et Fabriques	645	

---

[1] En tenant compte de la grande quantité d'habitations détruites lors de la guerre de l'indépendance.

[2] En évaluant environ 5 locataires par maison.

[3] Sans compter les couvents et séminaires.

RELEVÉ STATISTIQUE.

FINANCES.

REVENUS PUBLICS.

RENTES GÉNÉRALES.

	en 1791. fr.	en 1822. fr.
Impôt territorial	30,000,000	30,000,000
Douanes	40,000,000	20,000,000
Loterie	1,730,000	2,700,000
Patentes	4,000,000	6,700,000
Impôts sur les maisons	4,500,000	7,400,000
Mines de soufre, de mercure, etc.	1,201,000	2,500,000
Postes	2,000,000	3,500,000
Tabac	14,250,000	11,250,000
Sel	5,321,000	10,800,000
Timbre	7,887,000	5,100,000
Droits sur la poudre, le plomb, les cartes, la cire, etc.; sur les combats de taureaux; sur les voitures et les domestiques; sur les habitants des campagnes, espèce de capitation dont les nobles sont exempts, etc.	14,500,000	6,500,000

RENTES PROVINCIALES.

Elles comprenaient jadis, sous les noms d'*alcabala*, *cientos* et *millones*, les droits établis sur tous les objets de consommation, sur toute propriété ou marchandise transférée; leur tarif, qui a souvent varié, était d'environ 3 p. % pour les productions du pays, et de 14 p. % pour les productions étrangères; ils se prélèvent maintenant par un octroi à l'entrée des villes et par un exercice sur les boissons 30,000,000   25,000,000

DROITS DE CHANCELLERIE.

	en 1791.	en 1822.
	fr.	fr.
Media annata, droit sur tous les emplois, offices, charges; prélèvement de six mois d'appointements sur toutes les places rétribuées, ou de six mois de revenus sur les substitutions transférées; droits du sceau pour toutes les graces ou faveurs................... Droit de *lanzas*, en remplacement du contingent de troupes à fournir par les nobles, ce qui les exemptait jadis du service militaire.......	5,800,000	6,181,000

IMPÔTS SUR LE CLERGÉ.

Tercias reales et *Novenos*, prélèvement d'un neuvième sur les dîmes et les pensions.............. *Mesadas* et *Media annata*, un mois ou six mois de revenus pour chaque nomination aux bénéfices.... Vacances desdits bénéfices......... *Excusado* ou don gratuit......... Subside..................... Pensions pour l'ordre de Charles III.	9,000,000	6,400,000

IMPÔTS DIVERS.

Cruzada ou dispense pour le maigre.	3,738,000	3,000,000
Paja y utensilios, contributions des communes pour l'exemption des logements militaires............	5,704,000	7,000,000
Impôts particuliers, tels que ceux de la *Navarre*, de la *Biscaye*, et autres provinces................	6,000,000	2,500,000

PRODUITS DES COLONIES.

	en 1791.	en 1822.
	fr.	fr.
Mines d'or et d'argent	20,000,000 [1]	10,000,000
Produit net des impôts	16,000,000	

RÉCAPITULATION.

Rentes générales	122,389,000	106,450,000
Rentes provinciales	34,000,000	25,000,000
Droits de chancellerie	5,800,000	6,181,000
Impôts du clergé	9,000,000	6,400,000
Impôts divers	11,442,000	12,500,000
Colonies	36,000,000	10,000,000
	218,631,000 [2]	166,531,000 [3]

REVENUS DU CLERGÉ.

Biens ruraux	90,000,000
Id. de ville	7,000,000
Dîmes et pensions	80,000,000
Casuel [4]	50,000,000
	227,000,000 [5]

Le capital territorial que possède le clergé est évalué à 3,125,000,000

---

[1] Cette somme est évidemment trop faible. D'après des relevés faits avec soin, on a trouvé que pendant 20 ans, de 1809 à 1829, le produit moyen a été de 100 millions, et que de 1750 à 1803, il s'est élevé jusqu'à 170 millions.

[2] Ce total est probablement trop élevé.

[3] Depuis 1828, les rentrées du trésor se sont accrues annuellement de 12 à 15 millions par les réformes introduites dans l'administration.

Après la centralisation des diverses branches de revenus et des rentes provinciales dont une grande partie n'est pas versée dans les caisses de l'État, les rentrées présumées, pour 1835, doivent s'élever à près de 223 millions.

[4] On dit environ 60 mille messes par jour.

[5] Chaque ecclésiastique jouit, terme moyen, d'un revenu de 1,300 fr., savoir : 550 en propriétés immobilières, et 750 en pensions, dîmes et casuel. Dans les ordres militaires, en 1788, chaque chevalier avait, par an, environ 35 mille francs.

TABLEAU DE LA DETTE ET DES DÉPENSES,

au 1er janvier 1835.

	Capital. fr.	Intérêts et Amortissement. fr.
Dette intérieure réglée avec intérêts et amortissement de 1/2 p. % ..	232,000,000	11,700,000
Id. id. non réglée, qu'on a le projet de consolider et d'amortir avec le produit de la vente des biens nationaux	957,000,000	
Dette étrangère active.	796,239,000	43,560,000
Id. id. passive.	212,933,000 [1]	
	909,172,000	55,260,000 [2]
Dans la dette étrangère active sont compris :		
La dette anglaise réglée par le traité du 28 octobre 1828.....	20,400,000	
Intérêts à 5 p. % sans amortissement......................		3,000,000
Rente perpétuelle, 5 et 3 p. %, comprenant les anciennes dettes anglaise et hollandaise, et une partie des bons des cortès.....	199,653,000	

---

[1] Dans ce chiffre sont compris les *différés* de 1831, pour une somme de 108 millions de francs, classée jusqu'à présent dans la dette passive, mais qui a dû déjà être régularisée par suite des réclamations de la France. La discussion relative à cet objet a été ajournée à la session de 1836.

[2] D'après la loi adoptée en 1834, ces intérêts ne seront payés qu'après l'échange des titres anciens contre des nouveaux portant intérêt à 5 p. %, avec jouissance du 1er mai 1835. L'opération est commencée sur les bons des cortès. Pour les autres titres, l'époque de la conversion n'est pas encore déterminée; une fois faite, les intérêts seront payés à partir du 1er novembre 1834. Les arrérages dus antérieurement rentreront dans la catégorie des coupons des cortès en 12 séries de 1834.

	fr.	fr.
Dette française réglée le 30 décembre 1828, avec intérêts à 3 p. % et 2 p. % d'amortissement....	80,000,000	4,000,000
Emprunt Ardoin du 6 décembre 1834......................	175,438,000	
Intérêts à 5 p. % et 1/2 p. % d'amortissement..............		9,649,000
Dette américaine réglée le 10 février 1834. Intérêts à 5 p. % et 1 p. % d'amortissement.......	3,000,000	180,000

TABLEAU APPROXIMATIF DES RECETTES, DE LA DETTE ET DES DÉPENSES,

à différentes époques.

Années.	Recettes. — fr.	Dette.	Dépenses.
1600	38,600,000		
1716	45,000,000	fr.	
1746	72,000,000	200,000,000 [1]	
1784	184,000,000	170,000,000	fr.
1791	200,000,000		200,000,000
1820		3,600,000,000	175,000,000
1822	166,000,000	3,800,000,000	215,000,000
1827	145,000,000		205,000,000
1834	151,000,000	4,000,000,000 [2]	200,000,000 [3]

La répartition égale des impôts entre la population tout entière donne par individu et par an :

---

[1] Origine des *valès*.

[2] Dans cette somme, la dette étrangère, tant active que passive, figure pour un milliard environ ; la dette intérieure réglée y entre pour 232 millions ; le surplus vient de la dette intérieure non réglée.

La dette de la France est évaluée à 3 milliards 800 millions ; celle de l'Angleterre à 20 milliards 900 millions.

[3] Cette somme se compose de 145 millions pour les frais de l'administration, et de 55 pour les intérêts de la dette.

L'ESPAGNE.

Contributions payées à l'État.................... 13.fr.
Dîmes — id. au clergé................... 8
Autres redevances id. id..................... 4
                                              ──
                                              25

FORCES PRODUCTIVES.
                                    en 1803.   en 1834.
Capital territorial général..... 12,500,000,000 fr.
Propiétés ecclésiastiques...... 3,125,000,000
   Id. de la couronne....... 600,000,000

Produit territorial brut....... 1,268,000,000 [2]
   Id. id. net [3] 504,000,000
Frais d'exploitation [4]......... 762,000,000
Revenus territoriaux du clergé. 90,000,000
   Id. id. de la couronne. 30,000,000
Produit brut des bestiaux..... 97,000,000   Augmentation
   Id. id. des laines 80,000,000   qu'on évalue
   Id. id. des vins......... 109,000,000   à près d'une
   Id. id. des eaux-de-vie... 144,000,000   moitié en sus,
   Id. id. de l'huile........ 89,000,000   pour tous
   Id. id. de la soie........ 15,000,000   les produits.
   Id. id. des mines de fer
        et de cuivre.... 10,000,000
   Id. id. du coton........ 190,000
Divers autres produits naturels. 180,000,000

---

[1] En France, chaque habitant paie, terme moyen, environ 31 fr.; en Angleterre, 100 fr.

[2] On pense que ce chiffre peut être porté aujourd'hui à près de 1 milliard 800 millions, par suite des améliorations introduites depuis 30 ans. Ces mêmes produits s'élèvent en France à 6 milliards; en Angleterre, à près de 4 milliards.

[3] On évaluait le montant des récoltes en céréales, dont moitié en froment, à 34,700,000 hectolitres, ce qui donnait environ 3 hectolitres par individu. Comme on compte 3 hectolitres 1/2 par personne pour l'année, ce qui fait à peu près une livre et demie de pain par jour, les récoltes étaient de 1/5 au-dessous des besoins de la population; aujourd'hui elles doivent être plus que suffisantes, les produits étant augmentés de près de moitié en sus.

[4] On les estime aujourd'hui réduits des 3/5 à la 1/2 du produit brut. En France, ils sont évalués aux 3/4; en Angleterre, à la 1/2.

PRÉCIS STATISTIQUE.

	en 1803.	en 1834.
Nombre de bêtes à cornes [1]	2,700,000	\} Augmentation sur tous ces nombres, surtout pour les moutons qu'on évalue à 18 millions.
Id. de moutons	12,000,000	
Id. de chevaux	200,000	
Id. de mulets	230,000	
Id. d'ânes	240,000	
Id. de porcs	2,100,000	

	par individu.	par hectare.	
Produit territorial brut	120	34	\} Cette estimation est sans doute actuellement au-dessous de la vérité.
Id. id. net	46	14	

Nombre de mines concédées en 1826........ 132 [2]
Numéraire en circulation en 1788..450,000,000 [3]

	en 1803.	en 1830.
Produit industriel brut	284,600,000 [4]	\} produit presque doublé.
Id. id. net	17,000,000	

Richesse mobilière brute........405,000,000
   Id.   id.   liquide...... 87,000,000

Le relevé du mouvement commercial donne :

	en 1788.	en 1829.
Importations des colonies	176,000,000	19,000,000
Id. de l'étranger	130,000,008	95,000,000
Exportations aux colonies	141,000,000	14,000,000
Id. à l'étranger	130,000,000	51,000,000

---

[1] Les boucheries fournissent annuellement 306,000,000 livres de viande, à peu près, pour la consommation, ce qui ne fait que 22 livres par individu ; cette quantité est encore réduite pour certaines classes ; de sorte qu'il n'y a pas une once par jour par personne, tandis que l'on compte communément une demi-livre.

[2] Sans compter celles abandonnées ou exploitées depuis un très-long-temps par le gouvernement et d'autres propriétaires, ce qui quadruplerait au moins ce chiffre.

[3] Le capital monétaire de la France était à la même époque de plus de 2 milliards, et celui d'Angleterre de 1 milliard 300 millions.

[4] Ce qui attribuait à chaque habitant pour 28 fr. de produits manufacturés. Cette répartition est en France de 78 fr. par personne ; en Angleterre, de près de 200 fr.

STATISTIQUE JUDICIAIRE.

CRIMES CONTRE LES PERSONNES,
en 1826.

Homicides [1]............	2,940...	1 sur 4,760 hab.
Duels..................	4	
Infanticides [2].........	13	
Viols..................	52...	1 sur 260,000
Suicides...............	16...	1 sur 875,000
	3,025...	1 sur 4,625

CRIMES CONTRE LES PROPRIÉTÉS.

Incendies..............	56...	1 sur 270,000
Faux en écriture privée....	55	
Vols..................	1,600...	1 sur 8,700
	1,711...	1 sur 8,180
Délits graves...........	1,435...	1 sur 9,550
Délits correctionnels......	6,700...	1 sur 2,085

PEINES.

Peines de mort...........	167
Les verges et l'exposition...	55
Travaux forcés...........	4,950
A l'amende..............	7,000
Graces.................	163

---

[1] Le meurtre est presque toujours en Espagne le résultat d'une attaque de vive force. L'empoisonnement y est très-rare, 1 sur 2 millions 1/2 d'habitants environ.

[2] Plus rares que dans tout le reste de l'Europe proportionnellement; il en est de même pour le suicide, qui est classé en Espagne parmi les délits.

LISTE,

PAR ORDRE DE DATES,

DES PRINCIPAUX OUVRAGES CONSULTÉS.

Townsend, Voyage en Espagne en 1786 et 1787, traduit par *Pictet-Mallet*, en 1809.

Le comte de Bourgoing, Tableau de l'Espagne moderne. 1788.

Sarrazin, Histoire des guerres d'Espagne et de Portugal.

Fischer, Voyage en Espagne en 1797 et 1798, traduit par *Cramer*, en 1801.

Depping, Histoire générale de l'Espagne, depuis les temps les plus reculés jusqu'au règne des rois maures. 1801.

Le général Foy, Histoire de la guerre de la Péninsule, sous Napoléon.

Joseph Perchio, Six mois en Espagne; — Lettres de Joseph Perchio à Lady O. : traduit par *Corradi*. 1821.

John Bigland, Histoire d'Espagne, traduite de l'anglais; ouvrage revu et corrigé par le comte *Matthieu Dumas*. 1832.

Vte Martignac, Essai sur la révolution d'Espagne et l'intervention de 1823.

Miñano, Dictionnaire géographique d'Espagne. 1832.

Adolphe de Bourgoing, L'Espagne. Souvenirs de 1823 et 1833.

Borego, Essai sur les finances de l'Espagne. 1834.

Le comte de Laborde, Itinéraire descriptif de l'Espagne. 1834. 3ᵉ édition, revue et augmentée.

Moreau de Jonnès, Statistique de l'Espagne. 1834.

NOTES.

Page 15. Près de 900,000 Maures, — lisez *Juifs*.

Pages 47, 70 et 71. *Pragmatique-sanction* doit s'entendre de toute loi fondamentale du royaume, émanée du pouvoir souverain (*auto-acordado*).

Page 50. *Don Carlos* est né en 1788.

Page 51. *Mina*, que sa mauvaise santé a mis dans le cas de se démettre de son commandement, a été remplacé par le général *Valdès*.

Page 58. Il y a quatre canaux de navigation : celui d'*Arragon*, celui de *Ségovie*, celui de *Castille* et celui de *Madrid*. Les trois derniers ne sont point achevés.

Page 63. La lieue géographique est de 17 1/2 au degré. La lieue commune de Castille est de 20 au degré. L'arrobe pèse 29 livres.

Page 64. La fanègue contient 90 livres de blé. Elle peut ensemencer environ 2,600 mètres carrés, et produit à peu près 4 boisseaux 1/2 de grains.

Page 65. La population ne dépassait pas 7 millions 1/2 à l'avénement de Philippe V; aujourd'hui on l'évalue à 14,400,000 habitants. Quelques auteurs la portent, sous Charles-Quint, à 36 millions d'individus, répartis sur un territoire de 525 mille lieues carrées.

Page 92. On porte à 7,000 le nombre des acquéreurs de biens nationaux

Page 93. Une des mesures les plus profitables au trésor a été celle d'affermer les revenus de l'État.

TABLE

DES MATIÈRES.

                                                      Pages.

NOTICE PRÉLIMINAIRE. v

CHAPITRE Ier.
PRÉCIS HISTORIQUE.

Temps primitifs. 1
Les Phéniciens. 2
Les Grecs. . . . . id.
Les Carthaginois. 3
Les Romains. . . . . id.
Les Barbares. 5
Les Goths. 6
Les Arabes. 7
Ferdinand et Isabelle. 13
Les princes de la maison d'Autriche. 14
Les princes de la maison de Bourbon. 17
Joseph Bonaparte. 20
La guerre de l'indépendance. 21
Les cortès de 1810. 23
La constitution de Cadix. . . . . id.
La rentrée de Ferdinand VII. 24
Les colonies espagnoles. 25
L'insurrection de l'île de Léon 28
L'armée de la foi et les communeros. 30
Le combat de la garde royale. 39
L'intervention de 1823 41

La prise de Cadix............................... 44
L'occupation.................................... 45
La loi anti-salique.............................. 46
Don Carlos..................................... 47
Isabelle II...................................... 48
Les membres actuels de la famille royale.............. 49
Mina, Zumala-Carreguy........................... 51
Résumé historique............................... id.

CHAPITRE II.
DESCRIPTION PHYSIQUE. — STATISTIQUE.

Configuration générale............................ 53
Monts Pyrénées.................................. 54
Sol.. 55
Climat... 56
Routes... id.
Cours d'eau..................................... 57
Moyens de transport.............................. 58
Agriculture..................................... 59
Produits du sol.................................. 60
Animaux....................................... 61
Minéralogie 62
Tarifs.. 63
Mesures.. id.
Monnaies....................................... 64
Population..................................... id.
Industrie....................................... 65
Commerce...................................... 66

CHAPITRE III.
ORGANISATION POLITIQUE, CIVILE ET RELIGIEUSE.

Division politique, administrative et religieuse.......... 68
Gouvernement................................... 70
Assemblées nationales............................. 73
Administration provinciale et municipale.............. 75
Justice... 77
Substitutions et majorats.......................... 78

DES MATIÈRES.

	Pages.
Noblesse	80
Ordres royaux	82
État militaire	83
Marine	85
Finances	86
Religion	95
Clergé	96
Inquisition	97
Corporations	99

CHAPITRE IV.

ÉTAT SOCIAL.

Civilisation	100
Des classes sociales	102
Instruction	105
La presse	106
Sciences et arts	id.
Médecine	107
Littérature	id.
Histoire	108
Art oratoire	id.
Spectacles	id.
Combats de taureaux	110
Architecture	112
Peinture	id.
Musique	id.
Danse	113
Langue	114
Constitution physique	115
Caractère	id.
Mœurs	116
Coutumes	120
Costumes	122
Contrebande	125
Mendiants	id.
Escopetéros	126
Guerillas	id.

TABLE

CHAPITRE V.

DESCRIPTION PARTICULIÈRE DES PROVINCES VASCONGADES ET DE LA NAVARRE.

Pages.

Description physique............................. 127
Statistique....................................... 129
Agriculture, Produits du sol..................... 130
Industrie, Commerce.............................. 131
Administration................................... 133
Caractère, Constitution physique................. 136
Mœurs, Coutumes, Langue, Costumes................ id.
Historique....................................... 139

BISCAYE.

Description physique............................. 145
Statistique....................................... id.
Administration................................... 146

ALAVA.

Description physique............................. 147
Statistique....................................... id.
Administration................................... 148

GUIPUSCOA.

Description physique............................. id.
Statistique....................................... id.
Administration................................... 149

NAVARRE.

Description physique............................. 150
Statistique....................................... 152
Agriculture, Produits du sol..................... 153
Industrie, Commerce.............................. 154
Administration................................... id.
Caractère, Mœurs, Constitution physique, Langue.... 155
Historique....................................... 156

CHAPITRE VI.

ITINÉRAIRES DES PROVINCES VASCONGADES ET DE LA NAVARRE.

Pages.

Route de Bayonne à Miranda de Ebro................ 161
Route de Bayonne à Saint-Sébastien par la côte, et continuation jusqu'à Laredo......................... 169
Route de Bayonne à Bilbao et Portugalette........... 176
Route de Bilbao à Miranda de Ebro, par Orduña...... 180
Route de Vittoria à Bilbao, par Murguia............. 182
Route de Vittoria à Bilbao, par Durango............ 186
Route de Bayonne à Pampelune, par la vallée de Bastan id.
Route de Bayonne à Pampelune, par Tolosa.......... 190
Route de Pampelune à Saint-Jean-Pied-de-Port, par Roncevaux... 191
Route de Pampelune à Tudela, par Tafalla........... 192
Route de Pampelune à Sanguessa.................... 197
Route de Pampelune à Logroño, par Estella.......... 198
Route de Pampelune à Vittoria, par Salvatierra....... 200
Route de Pampelune à Vittoria, par Caparosso, Calahorra, Logroño.. 201
Route de Logroño à Caparosso, par Lérin............ 207

CHAPITRE VII.

RELEVÉ STATISTIQUE.

Territoire... 210
Hauteurs... 211
Hauts lieux habités................................. id.
Division territoriale................................ id.
Classement de la population........................ id.
État particulier du clergé........................... 212
Récapitulation..................................... 213
État de la noblesse................................. id.
État de l'armée de terre............................ 214
Relevé comparatif..................................
État de la marine................................... 215
Agriculteurs.. id.

TABLE DES MATIÈRES.

	Pages.
Propriétaires fonciers	216
Industriels	id.
Prolétaires	id.
Fonctions civiles	217
Tableau comparatif de la population, à diverses époques.	id.
Classement des lieux habités	218
Établissements publics	id.
Finances. — Revenus publics. — Rentes générales	219
Rentes provinciales	id.
Droits de chancellerie	220
Impôts sur le clergé	id.
Impôts divers	id.
Produits des colonies	221
Récapitulation	id.
Revenus du clergé	id.
Tableau de la dette et des dépenses, au 1er janvier 1835	222
Tableau approximatif des recettes, de la dette et des dépenses, à différentes époques	223
Forces productives	224
Statistique judiciaire. — Crimes contre les personnes, en 1826	226
Crimes contre les propriétés	id.
Peines	id.
LISTE des principaux ouvrages consultés	227
NOTES	229

FIN DE LA TABLE DES MATIÈRES.

www.ingramcontent.com/pod-product-compliance
Lightning Source LLC
Chambersburg PA
CBHW070640170426
43200CB00010B/2087